CONSEIL DES GOUVERNEURS

(SESSION DE MAI 1927)

COMPTE RENDU

SECRÉTARIAT
2, Avenue Velasquez
PARIS

COMPTE RENDU

Cette lettre est parvenue au Secrétariat de la Ligue au moment où ce volume était déjà sous presse. Elle fait suite aux documents publiés pages 54 et 55.

Paris, le 30 mai 1927.

Monsieur le Président,

J'ai eu le plaisir de prendre connaissance des résolutions votées par le Conseil des Gouverneurs.

Ne me trouvant pas présent au moment du vote, je vous prie de bien vouloir me considérer comme adhérent aux dites résolutions et d'ajouter mon vote à celui de la majorité.

Veuillez agréer, etc...

Dr. Leopold ASCHKEL,
Représentant
de la Croix-Rouge du Guatémala.

SESSION DU CONSEIL

DES

GOUVERNEURS

4-7 MAI 1927

COMPTE RENDU

INTRODUCTION

A *la suite d'une décision prise par le Conseil des Gouverneurs en juin 1925, les statuts de la Ligue des Sociétés de la Croix-Rouge avaient, en ce qui concerne le Conseil des Gouverneurs, été modifiés comme suit : « Le Conseil des Gouverneurs est formé à raison d'un représentant par société nationale de la Croix-Rouge, membre de la Ligue ; chaque représentant a droit à une seule voix. Les membres du Conseil sont nommés pour une période de quatre années ou pour toute autre période que fixera la société qui les aura nommés; ils peuvent être remplacés temporairement ou d'une manière définitive au gré des sociétés nationales qui les nomment. Le Conseil des Gouverneurs établit le programme de travail et la politique générale de la Ligue et décide des questions d'ordre général; il est, en outre, chargé de gérer les fonds de la Ligue. Le Conseil nomme un président qui restera en fonctions pour une période de deux ans, à partir de la date de son élection. Il sera rééligible.*

Douze membres du Conseil des Gouverneurs constitueront le quorum.

Tout vote adopté à la majorité des voix de ce quorum est décisif, sauf dans le cas prévu à l'article VIII (1) des présents statuts.

Le Conseil des Gouverneurs tiendra une session ordinaire chaque année; il peut être réuni en session extraordinaire par son président. Le président doit le réunir en session extraordinaire lorsque la demande lui en est faite par le Comité exécutif ou par au moins dix sociétés, membres de la Ligue. »

Ces statuts ainsi modifiés sont entrés en vigueur le 31 décembre 1925. Le présent volume donne le compte rendu de la première session que le Conseil des Gouverneurs a tenue dans sa nouvelle formation au mois de mai 1927.

---

(1) Article VIII. — Amendements : Les présents statuts peuvent être modifiés par un vote des membres du Conseil des Gouverneurs, émis à la majorité des deux tiers des voix.

Afin de hâter la publication du compte rendu du Conseil des
Gouverneurs qui a déjà fait l'objet de plusieurs demandes, les procès-
verbaux n'ont pu être soumis au préalable aux intéressés. De ce fait,
il est possible que quelques erreurs se soient glissées dans le texte ;
dès qu'elles seront signalées au Secrétariat, les corrections nécessaires
seront apportées.

LISTES DES DÉLÉGUÉS

ET DES MEMBRES DES COMMISSIONS

LISTE DES DÉLÉGUÉS

Les notes au bas des pages 9, 10, 11, 12, 13, 14 sont les références aux documents accréditant les délégués.

Albanie (1).

S. Exc. MALIQ BEY LIBOHOVA ***.

Allemagne.

Colonel P. DRAUDT, Vice-President de la Croix-Rouge allemande.
M. E. G. von CLEVE **.

Argentine.

S. Exc. le Général Dr. JULIO R. GARINO, Président de la Croix-Rouge argentine.
Mme GUILLERMINA DE O. C. DE WILDE **.

Australie.

Vicomtesse NOVAR, ex-Présidente de la Croix-Rouge australienne.

Autriche.

Dr. KARL HELLY ***, Vice-Président de la Croix-Rouge autrichienne.

Belgique.

Professeur PIERRE NOLF, Président de la Croix-Rouge de Belgique.

Bolivie (2).

Dr. ARTURO PINTO ESCALIER *.

Brésil (3).

Dr. CARLOS EUGENIO GUIMARAES *, Trésorier de la Croix-Rouge brésilienne.

---

(1) Télégramme du directeur général de la Croix-Rouge albanaise à la Ligue des Sociétés de la Croix-Rouge en date du 8 mai 1927.

(2) Lettre de la Légation de Bolivie à Paris, adressée au président du Conseil des Gouverneurs, en date du 30 avril, 1927.

(3) Lettre du président de la Croix-Rouge brésilienne au directeur général adjoint, en date du 14 décembre 1920.

Bulgarie (4).

S. Exc. M. B. MORFOFF *.

M. MILTCHEW **.

Canada (5).

Sir EDWARD STEWART *, Vice-Président de la Croix-Rouge britannique.

Chili (6) (7).

Dr. ALBERTO PANATT *, Directeur Médical de la Croix-Rouge chilienne.

Dr. SALVADOR CRUZ GANA **.

Chine (8) (9).

M. HSIAO CHI YUNG *.

M. LI TCHUN **.

Colombie.

Professeur LUIS FELIPE CALDERÓN, Président de la Croix-Rouge de Colombie.

M. JOAQUIN SAMPER **, Vice-Président de la Croix-Rouge de Colombie.

Costa-Rica.

S. Ex. M. JULIO ACOSTA *, Président de la Croix-Rouge de Costa-Rica.

Cuba.

M. ENRIQUE J. CONILL, Membre du Comité Central de la Croix-Rouge cubaine.

Danemark (10).

S. Exc. M. C. M. COLD, Président de la Croix-Rouge danoise.

M. ANDRESEN **, Secrétaire général de la Croix-Rouge danoise.

---

(4) Télégramme du président de la Croix-Rouge bulgare au président du Conseil des Gouverneurs en date du 30 avril 1927.

(5) Lettre du président de la Croix-Rouge canadienne au directeur général adjoint, à laquelle était jointe copie d'un cablogramme envoyé à la Croix-Rouge britannique. Ces deux documents portent la date du 20 avril 1927.

(6) Lettre du gouverneur chilien au directeur général adjoint, en date du 29 avril 1927.

(7) Lettre de la Légation du Chili, à Paris, au nom du gouverneur chilien, en date du 3 mai, 1927.

(8) Télégramme du président de la Croix-Rouge chinoise au président du Conseil des Gouverneurs, en date du 2 mai 1927.

(9) Lettre de la Légation de Chine à Paris au président du Conseil des Gouverneurs, en date du 30 avril 1927.

(10) Lettre du secrétaire général de la Croix-Rouge danoise, en date du 7 avril, 1927.

Dantzig.

Dr. Ferber *** Président de la Croix-Rouge dantzicoise.

Equateur (11).

S. Exc. M. Gonzalo Zaldumbide *.

Espagne.

S. Exc. le Marquis de Casa Valdés.

Esthonie.

Dr. Leesment, Président de la Croix-Rouge esthonienne.

Etats-Unis.

Hon. John Barton Payne, Président de la Croix-Rouge américaine.

Finlande (12).

Général Baron Mannerheim, Président de la Croix-Rouge finlandaise.

Commandant M. Gripenberg **, Secrétaire général de la Croix-Rouge finlandaise.

France (13).

S. Exc. M. Geoffray.

M. Thiébaut **, Secrétaire Général de la Croix-Rouge française.

Grande-Bretagne (14).

Sir Edward Stewart, Vice-Président de la Croix-Rouge britannique.

Grèce.

M. J. Athanasaki, Président de la Croix-Rouge hellénique.

Guatemala (15).

Dr. Leopoldo Aschkel *.

---

(11) Télégramme du président de la Croix-Rouge de l'Équateur à la Ligue des Sociétés de la Croix-Rouge, en date du 29 avril 1927.

(12) Télégramme de la Croix-Rouge finlandaise à la Ligue des Sociétés de la Croix-Rouge, en date du 27 avril 1927.

(13) Lettre de la Croix-Rouge française au directeur général adjoint, en date du 26 avril 1927.

(14) Lettre du vice-président du Comité exécutif de la Croix-Rouge britannique au directeur général adjoint en date du 23 avril 1927.

(15) Lettre du Chargé d'Affaires à la Légation du Guatemala, à Paris au vice-Président du Conseil des Gouverneurs, en date du 25 avril 1927.

Hongrie (16).

Colonel P. DRAUDT *, Vice-Président de la Croix-Rouge allemande.

Indes.

Sir FREDERICK WHYTE, ex-Président de la Croix-Rouge des
Indes.

Indes Néerlandaises.

S. Exc. le JONKHEER J. H. ROELL *, Vice-Président de la
Croix-Rouge néerlandaise.

Islande (17).

M. SVEIN BJORNSSEN *, ex-Président de la Croix-Rouge
islandaise.

Italie (18).

S. Exc. M. le Sénateur GIOVANNI CIRAOLO *, Président Honoraire de la Croix-Rouge italienne.
Comte PIETROMARCHI **.

Japon.

Comte HIROYUKI KAWAI.

Lettonie (19).

M. ING. SP. PAEGLE *, Membre du Comité Central de la Croix-
Rouge lettone.

Lithuanie (20).

S. Exc. M. PETRAS KLIMAS *.

Luxembourg.

M. ANTOINE FUNCK, Secrétaire général de la Croix-Rouge luxem-
bourgeoise.

Mexique (21).

S. Exc. M. ALBERTO J. PANI.

---

(16) Télégramme du vice-président de la Croix-Rouge hongroise au président du Conseil des Gouverneurs, en date du 2 mai 1927.

(17) Lettre du président de la Croix-Rouge islandaise au directeur général
adjoint, en date du 15 mars 1927.

(18) Télégramme du vice-président de la Croix-Rouge italienne à la Ligue
des Sociétés de la Croix-Rouge, en date du 26 avril 1927.

(19) Lettre du secrétaire général de la Croix-Rouge lettone au directeur
général adjoint, en date du 12 mars 1927.

(20) Lettre du président de la Croix-Rouge lithuanienne au directeur
général adjoint en date du 27 avril 1927.

(21) Lettre du Ministre du Mexique à Paris, au président du Conseil des
Gouverneurs, en date du 3 mai 1927.

Norvège (22).

Capitaine W. Steffens *.

Nouvelle-Zélande.

Dr. D. Colquhoun, Délégué de la Croix-Rouge néo-zélandaise
à Londres.

Panama (23).

M. A. R. Larrosa *.

Paraguay (24).

Dr. R. V. Caballero *.

Pays-Bas (25).

S. Exc. le Jonkheer J. H. Roell *, Vice-président de la Croix-
Rouge néerlandaise.

Pérou.

S. Exc. le Comte Pablo de Mimbela.

Pologne.

M. le Comte Henri Potocki, Président de la Croix-Rouge polonaise.

Portugal (26).

S. Exc. M. le Marquis de Faria.
M. A. R. Larrosa **.

Roumanie (27).

S. Exc. M. Geoffray *.

Salvador (28).

Dr. Rafael Castro.

---

(22) Lettre du secrétaire général de la Croix-Rouge norvégienne au directeur général adjoint, en date du 20 avril 1927.

(23) Télégramme du président de la Croix-Rouge du Panama, en date du
21 avril 1927.

(24) Lettre du Chargé d'Affaires du Paraguay à la Ligue des Sociétés de
la Croix-Rouge, en date du 5 mai 1927.

(25) Lettre du président de la Croix-Rouge néerlandaise à la Ligue des
Sociétés de la Croix-Rouge, en date du 22 avril 1927.

(26) Lettre du gouverneur portuguais au président du Conseil des Gouverneurs en date du 6 mai 1927.

(27) Télégramme du président de la Croix-Rouge roumaine au président
du Conseil des Gouverneurs, en date du 30 avril 1927.

(28) Télégramme de la Croix-Rouge du Salvador à la Ligue des Sociétés
de la Croix-Rouge, en date du 29 avril 1927.

Serbes, Croates et Slovènes (Royaume des) (29).

> Professeur M. LECCO, Président de la Croix-Rouge des Serbes, Croates et Slovènes.
> M. DRAGOMIR LECCO **.

Siam (30).

> Phra SARASAS *.

Suède (31).

> M. AKE HAMMARSKJÖLD.
> M. le baron E. STJERNSTEDT **, Secrétaire général de la Croix-Rouge suédoise.

Suisse.

> Colonel BOHNY, Président de la Croix-Rouge suisse.

Tchécoslovaquie (32).

> Dr. T. M. LINHART *, Directeur général de la Croix-Rouge tchécoslovaque.

Union Sud-Africaine (33).

> Sir CLAUDE H. HILL *.

Uruguay (34).

> Professeur JORGE BEJARANO *.
> M. A. R. LARROSA **.

Vénézuela (35).

> Dr. C. PARRA PÉREZ ***.

---

(29) Lettre du président de la Croix-Rouge du Royaume des Serbes, Croates et Slovènes à la Ligue des Sociétés de la Croix-Rouge, en date du 27 avril 1927.

(30) Lettre du gouverneur siamois au vice-président du Conseil des Gouverneurs, en date du 29 avril 1927.

(31) Lettre du président de la Croix-Rouge suédoise à la Ligue des Sociétés de la Croix-Rouge, en date du 18 mars 1927.

(32) Lettre du vice-président de la Croix-Rouge tchécoslovaque au vice-président du Conseil des Gouverneurs en date du 27 avril 1927.

(33) Télégramme du gouverneur sud-africain, en date du 2 mai 1927.

(34) Télégramme de la Croix-Rouge de l'Uruguay, en date du 30 avril 1927.

(35) Télégramme de la Croix-Rouge du Venezuela à la Ligue des Sociétés de la Croix-Rouge, en date du 30 avril 1927.

LISTE DES MEMBRES DES COMMISSIONS

L'honorable John Barton Payne (États-Unis), *Président.*
M. le Colonel Draudt (Allemagne).
M. le Général J. Garino (Argentine).
Lady Novar (Australie).
M. le Professeur Nolf (Belgique).
M. le Dr. Guimaraes (Brésil).
M. le Professeur L. F. Calderón (Colombie).
Son Excellence M. Acosta (Costa-Rica).
M. E. J. Conill (Cuba).
M. C. M. Cold (Danemark).
Son Excellence le Marquis de Casa Valdés (Espagne).
M. le Dr. Leesment (Esthonie).
M. le Général Mannerheim (Finlande).
Son Excellence M. Geoffray (France).
Sir Edward Stewart (Grande-Bretagne).
M. Athanasaki (Grèce).
M. le Sénateur Ciraolo (Italie).
M. H. Kawai (Japon).
M. A. R. Larrosa (Panama).
M. le Général Jonkheer Roëll (Pays-Bas).
M. le Dr. Rafael Castro (Salvador).
M. le Professeur Lecco (Royaume des Serbes, Croates et Slovènes).
Phra Sarasas (Siam).
M. Ake Hammarskjöld (Suède).
M. le Colonel Bohny (Suisse).

> *Secrétaires :* M. L. de Gielgud.
> M. G. Milsom.

Sir Frederick Whyte (Indes), *Président.*
M. Arturo Pinto Escalier (Bolivie).

---

(1) La deuxième et la troisième Commission ont fusionné et se sont réunies sous la présidence de Sir Frederick Whyte (Indes).

Dr. PANATT (Chili).
Son Excellence M. GONZALO ZALDUMBIDE (Équateur).
M. SVEIN BJORNSSEN (Islande).
M. Ing. Sp. PAEGLE (Lettonie).
M. KLIMAS (Lithuanie).
M. A. FUNCK (Luxembourg).
Son Excellence M. PANI (Mexique).
M. le Capitaine STEFFENS (Norvège).
M. le Dr. COLQUHOUN (Nouvelle-Zélande).
M. le Comte PABLO DE MIMBELA (Pérou).
M. le Comte POTOCKI (Pologne).

Secrétaires : M. le Dr. F. HUMBERT.
Mrs. M. CARTER.
M. C. PETERSEN.

TROISIÈME COMMISSION

(Mandats spéciaux)

Sir FREDERICK WHYTE (Indes), *Président.*
Son Excellence M. MORFOFF (Bulgarie).
M. le Sénateur CIRAOLO (Italie).
M. le Dr. L. ASCHKEL (Guatemala).
M. le Général Jonkheer ROËLL (Pays-Bas).
M. le Dr. LINHART (Tchécoslovaquie).

Secrétaires : M. A. DUPUY.
M. DE ROUSSY DE SALES.

QUATRIÈME COMMISSION

(Finances)

Son Excellence M. GEOFFRAY (France), *Président.*
Sir EDWARD STEWART (Grande-Bretagne).
Son Excellence le Marquis DE FARIA (Portugal).
Sir CLAUDE HILL (Union Sud-Africaine).
M. le Professeur BEJARANO (Uruguay).

Secrétaires : M. ANDRÉ PALLAIN.
M. P. W. OLIVER.

ORDRE DU JOUR

Iᵉʳᵉ COMMISSION

(Organisation et administration de la Ligue).

Étude du rapport du directeur général.

Étude des résolutions adoptées par la Conférence spéciale convoquée par la Croix-Rouge suisse à Berne, le 16 novembre 1926.

Étude des propositions relatives aux amendements à apporter aux statuts de la Ligue, propositions soumises par le Président du Conseil, conformément à la décision prise par le Comité exécutif au mois de juillet 1926 et se rapportant aux résolutions de la Conférence de Berne.

Étude des propositions à soumettre au Conseil concernant l'élection du Président du Conseil, la nomination du nouveau directeur général du Secrétariat, la nomination des Comités permanents.

IIᵉ COMMISSION (1)

(Activités et programme de la Ligue)

Examen du programme actuel des travaux du Secrétariat en vue de l'élaboration d'un programme général pour 1928. Étude des rapports fournis par :

La Section des Secours,
La Section d'Hygiène,
La Section des Infirmières,
La Section de la Croix-Rouge de la Jeunesse,
La Section de l'Émigration.
Composition et fonctions des conseils consultatifs.

IIIᵉ COMMISSION

(Mandats spéciaux)

Étude des résolutions de Washington et Tokio.
Conférences régionales et internationales à prévoir.
Union Internationale de Secours.

---

(1) Les IIᵉ et IIIᵉ Commissions ont fusionné.

Hygiène dans la marine marchande.

Proposition de la Croix-Rouge hongroise relative à la création d'une médaille de la Ligue.

IVe COMMISSION

(Finances)

Étude du rapport du Comité exécutif et de la Commission permanente des Finances.

Budget de la Ligue pour 1928.

(Propositions soumises par la Commission des Finances).

———————

SÉANCES PLÉNIÈRES

PREMIÈRE SÉANCE PLÉNIÈRE

MERCREDI 4 MAI 1927

10 h. 15

Présidence de l'Honorable John Barton Payne

LE PRESIDENT. — Messieurs les Gouverneurs, depuis notre
dernière réunion, votre Président a eu l'occasion et le plaisir
de participer à deux grandes conférences régionales tenues sous
les auspices de la Ligue : la Conférence panaméricaine de
Washington qui a siégé en mai et la Conférence orientale de Tokio
qui a siégé en novembre. J'aurais aimé que vous ayez eu l'occasion d'assister à ces conférences et de constater l'influence inspiratrice qui les animait, le sentiment de coopération mutuelle qui
les pénétrait.

A la suite de la Conférence de Tokio, j'ai eu le plaisir de visiter
la plupart des pays d'Orient et de connaître personnellement beaucoup des fonctionnaires et des membres des sociétés de ces pays.
J'ai trouvé que la Ligue représentait un sentiment d'entr'aide
mutuelle et de coopération et qu'il existait, parmi ces sociétés une
affection sincère pour notre institution. Je vous apporte ce message de leur part.

A la fin de mon voyage, je suis allé en Bulgarie. Vous savez
tous que ce pays s'est trouvé en face d'un problème de réfugiés
dont le nombre peut être évalué environ à 250.000 et qu'ils ont
presque submergé tout le pays. La Ligue s'est occupée de la question et, par son intermédiaire, les pays suivants ont envoyé des
dons en argent : Vénézuéla, Suède, Espagne, Salvador, Lettonie,
Norvège, Finlande, Equateur, Etats-Unis. Les pays suivants
ont envoyé des missions d'infirmières : Allemagne, Belgique,
France, Grande-Bretagne, Italie, Suède, Hongrie. Il aurait fallu que
vous visitiez la Bulgarie pour voir la reconnaissance qu'à provo-
qué cette véritable action de secours internationale. J'avais à
peine mis le pied dans le pays qu'une délégation de plusieurs
centaines de personnes est venue au devant de moi, j'ai rap-

porté des télégrammes émanant de groupes qui comptent jusqu'à 3.000 membres qui ont été envoyés comme expression de remerciement pour le travail que les « anges de pitié », envoyés par
tous ces pays, ont accompli. J'ai l'honneur de vous féliciter pour la
part que vous avez prise dans cette grande œuvre.

Nous avons devant nous une question de très grande importance touchant les relations entre la Ligue et le Comité International. Vous savez, bien entendu, que la Ligue n'a jamais aspiré
à faire le travail qui appartient à cette grande organisation. Tous
nous respectons et nous admirons non seulement l'œuvre accomplie par elle et les traditions qu'elle a créées, mais aussi les
hommes qui se sont consacrés à cette œuvre. La ligue est simplement une organisation du temps de paix. C'est la première fois
que les sociétés nationales se sont réunies pour former une association volontaire d'entr'aide mutuelle et de coopération ; j'espère que nous pensons tous qu'il y a du travail pour les deux. Ce
n'est pas que nous aimions moins le Comité International, mais
comme nous préférons la paix à la guerre, dans cette période
de paix, personnellement j'aime mieux la Ligue. Mais il n'y a
pas de conflit, il ne devrait pas y avoir de conflit ; lorsque j'étais
en Egypte, je suis arrêté devant le Sphinx. Les écrivains ont écrit
beaucoup de volumes au sujet du secret de ce Sphinx ; je veux
vous le donner aujourd'hui. Le voici : lorsqu'un groupe d'hommes
ou de femmes se réunit, ayant des vues différentes, il est impossible que chacun conserve sa propre opinion. Des vues doivent
être échangées et des concessions doivent être faites. Voilà le
secret. De part et d'autre, on doit donner et prendre, on doit res-
pecter l'opinion des autres et. po r ce qui nous concerne, il faut
être déterminé à conserver l'intégrité de la Croix-Rouge mondiale
dans sa pureté, afin quelle puisse continuer à servir l'humanité
sans conflit sérieux et sans grave controverse. Je ne considère pas
nos divergences comme sérieuses parce qu'il est bien certain
qu'une question d'organisation ne peut pour toujours diviser une
entreprise comme celle-ci.

Il s'agit pour nous, ce matin, d'adopter des règles de procédure
et de nommer des Commissions. Mon opinion était celle du Comité
exécutif : que les seules règles de procédure nécessaires sont les
règles parlementaires habituelles. Nous avons nos propres statuts
et notre règlement intérieur qui codifie notre travail.

Je pense que lorsque vous entendrez lire la liste des Commissions vous n'aurez pas d'objection à y faire, mais s'il y en a et si

un membre du Conseil préfère siéger dans une autre Commission, il peut le faire.

M. THIEBAUT (France). — Ce n'est pas en ma qualité de suppléant du Gouverneur de la Croix-Rouge française, mais en ma qualité de secrétaire général de la Croix-Rouge française que j'ai reçu ce matin la mission d'apporter non pas au Président du Conseil des Gouverneurs, mais au Président de la Croix-Rouge américaine le message suivant :

« Les progrès du fléau qui dévaste en ce moment la vallée du Mississipi n'ont soulevé nulle part autant d'emotion qu'en France. Nous ne pouvons pas oublier que la vallée du Mississipi a été découverte par nos missionnaires et que, de Louis XIV à Napoléon, elle a été terre française, et que tout le cours du Mississipi est jalonné de vastes et riches cités qui portent encore des noms français. Nous sommes profondément émus des ravages du Mississipi.

La Croix-Rouge française croit de son devoir de vous faire savoir, Monsieur le Président, qu'elle a décidé de consacrer une certaine somme à envoyer par le moyen le plus rapide, et une quantité aussi considérable que possible de sérums et de vaccins contre la fièvre typhoïde qui semble être le danger le plus imminent pour des centaines de mille de personnes chassées de leur foyer par les inondations. L'effort de la Croix-Rouge française sera une toute petite goutte d'eau dans l'océan de ce désastre, mais nous espérons que la Croix-Rouge américaine donnera à cette goutte d'eau la signification d'une larme de fraternelle sympathie. (Applaudissements).

LE PRESIDENT. — J'apprécie très profondément ce que vous venez de dire et je vous remercie très cordialement.

Le premier point est l'adoption des règles de procédure. Est-ce l'opinion du Conseil, comme c'était celle du Comité exécutif que, comme complément à nos propres statuts de règlement, tout ce qui est nécessaire est l'adoption de la procédure parlementaire ordinaire.

M. HAMMARSKJÖLD (Suède). — Cela signifie-t-il que les projets de règlement de procédure distribués antérieurement ne sont plus placés devant le Conseil des Gouverneurs ?

LE PRESIDENT. — Pas à moins qu'il y ait une objection.

Il en est ainsi décidé.

LE PRESIDENT. — Il s'agit maintenant de nommer les Commissions. On va vous lire les listes et si un membre du Conseil

désire être transféré, il est prié de l'indiquer immédiatement et le
changement sera fait.

Les listes des quatre Commissions sont lues (1).

LE PRESIDENT. — Y a-t-il des objections ?

M. CONILL (Cuba). — M. Acosta désirerait être transféré
de la deuxième à la première commission.

SENATEUR CIRAOLO (Italie). — Je désirerais participer à la
troisième Commission.

COMTE de MINBELA (Pérou). — Je voudrais appartenir à la
deuxième Commission au lieu de la quatrième.

Le PRESIDENT. — La première Commission est charger d'étudier l'organisation et l'administration de la Ligue et de faire un
rapport à la séance plénière ; la deuxième s'occupe des activités
et du programme ; la troisième, des mandats spéciaux. Je me
permets de suggérer que ces deux dernières Commissions siègent
ensemble. La quatrième Commission s'occupe des finances. Je
présume que le Conseil approuve les Commissions ainsi arrangées,
c'est-à-dire avec les changements que vous avez demandés.

DOCTEUR PANATT (Chili). — Je demande à siéger dans la
deuxième Commission.

Il en est ainsi décidé.

SIR FREDERICK WHYTE (Indes). — Dois-je comprendre que
la deuxième et la troisième Commissions siègent ensemble ou
doivent-elles d'abord siéger séparément puis se réunir ensuite.

Le PRESIDENT. — Les questions proposées à ces deux Commissions comportent le travail de la Ligue, son programme général
et ses activités, si bien, qu'à moins d'objection, je propose qu'elles
siègent ensemble.

Vous avez remarqué que les représentants de la France et de
la Grande-Bretagne font partie des deux Commissions. La raison
en est que Sir Edward Stewart et M. Geoffray ont siégé dans le
Comité des finances et qu'il est essentiel qu'ils continuent à en
faire partie. Ils sont également très intéressés dans la question
plus vaste et il semble utile de les faire figurer dans les deux Commissions. Ils pourront s'arranger pour pouvoir participer aux
deux. Puisque je n'entends aucune objection, je présume que vous
approuvez unaninement les arrangements qui vous sont proposés.

---

(1) La liste définitive des membres des commissions se trouve page 15.

Le directeur général par intérim désire soumettre un rapport.

M. E. P. BICKNELL, Directeur Général P. I. — Des sujets d'une importance extrême en ce qui concerne l'œuvre de la Croix-Rouge à travers le monde ainsi que la prospérité de la Ligue vont occuper ces jours-ci l'attention des Gouverneurs ; mais avant d'entamer la discussion de ces graves questions, je suis convaincu que vous penserez comme moi qu'il convient de jeter un coup d'œil rétrospectif sur quelques-uns des principaux travaux du Secrétariat de la Ligue au cours des douze derniers mois.

Trois conférences internationales, de caractère régional, tenues respectivement à Washington en mai, à Oslo en juin et juillet et à Tokio en novembre ont été organisées sous les auspices de la Ligue et ont donné l'occasion aux sociétés nationales d'étudier d'une façon approfondie les problèmes qui leur sont particuliers ainsi que ceux qui intéressent plusieurs pays ou plusieurs continents. De nombreux délégués assistaient à ces Conférences qui ont donné des résultats importants en augmentant l'intérêt du public pour la Croix-Rouge et en fortifiant l'esprit de compréhension qui existe entre les sociétés nationales.

Dans la copie du rapport qui se trouve devant vous, j'ai indiqué que la Société de la Croix-Rouge de l'Ile de Man avait exprimé le désir de devenir membre de la Ligue et qu'elle avait ensuite retiré sa demande, de sorte que la remarque qui figure dans la version imprimée n'est plus adéquate.

Le Président vous a parlé du désastre en Bulgarie, je n'y reviendrai donc pas.

La réalisation du projet d'une Union internationale de secours à laquelle le nom du sénateur Ciraolo restera toujours associé a fait des progrès constants. La Société des Nations a convoqué une conférence diplomatique des nations qui sont disposées à faire partie de l'Union ; cette conférence doit se tenir à Genève le 4 juillet, pour examiner le rapport et les recommandations concernant le projet et récemment complétées par la Commission préparatoire. La Société des Nations a invité la Ligue des Sociétés de la Croix-Rouge et le Comité International à envoyer leurs délégués à cette conférence diplomatique en qualité de conseillers techniques.

En ce qui concerne l'œuvre des infirmières, il est bon de signaler les perfectionnements notables apportés à l'organisation et au programme de l'Ecole d'Infirmières administrée à Londres par le Bedford College et la « School of Nursing » sous les auspices de la Ligue. Des dispositions ont été prises pour permettre aux élèves infirmières d'acquérir une plus grande expérience pratique dans les quartiers les plus peuplés de Londres et le personnel enseignant s'est augmenté. L'importance de cette école a été démontrée par le nombre et la valeur des infirmières qui ont suivi ses cours et sont retournées dans leurs pays respectifs pour y jouer un rôle excessivement important dans le développement de l'art de soigner les malades. En outre, la Ligue a contribué à la création d'écoles d'infirmières en Albanie et en Roumanie. Elle a fourni le personnel enseignant à ces deux écoles et bien qu'elles existent depuis très peu de temps seulement, nous avons pu lire dans un rapport que des élèves du plus grand mérite venaient y suivre des cours.

En dehors de son œuvre habituelle et continue en vue de l'enseignement de l'hygiène, la Section d'Hygiène de la Ligue a pris part à diverses initiatives qui promettent de donner d'excellents résultats.

La Conférence d'Oslo a donné une forme concrète au projet unissant le monde entier pour l'amélioration systématique du bien-être des marins par des mesures prises à la fois à bord des navires et dans les ports· La Section d'Hygiène de la Ligue a été chargée d'organiser un Comité international permanent composé d'experts dont le rôle sera de préparer un plan pratique pour la réalisation de ce projet ; elle s'occupe actuellement de la préparation d'un Manuel des premiers secours pouvant servir de base commune à l'organisation de l'assistance médicale aux hommes de la marine marchande. La Section d'Hygiène est entrée en relations avec l'Office international d'Hygiène publique et les deux organisations se rendent mutuellement service. Elle a également collaboré à l'organisation internationale des œuvres pour la Protection de l'Enfance avec la Société des Nations et à la préparation d'un Congrès international de la Protection de l'Enfance qui se tiendra à Paris en 1928.

Le fait que la Croix-Rouge de la Jeunesse soit si rapidement devenue une des armes les plus importantes et les plus efficaces des Croix-Rouges nationales est un grand encouragement pour tous ceux qui ont suivi son développement dans ces dernières années. Le nombre de ses membres s'élève actuellement à près de 10 millions et l'enthousiasme dont ils sont tous inspirés est peut-être ce qu'il y a de plus impressionnant dans toute l'œuvre de la Croix-Rouge en ce moment. La Ligue a eu l'honneur de développer ce mouvement parmi les enfants grâce à l'activité incessante de la section de la Croix-Rouge de la Jeunesse qui a établi dans le monde entier un réseau de relations étroites par l'intermédiaire d'une correspondance suivie et de démarches officieuses, par des visites faites par les représentants de la Ligue dans divers pays ainsi que par des stages d'études intitués au siège de la Ligue à l'intention de nombreux représentants des organisations de la Jeunesse des sociétés nationales. Des dispositions ont été prises en vue d'une conférence d'une semaine qui doit se tenir à Bruxelles et à laquelle assisteront les représentants principaux de la Croix-Rouge de la Jeunesse de plusieurs pays. On a préparé un programme de conférences et de discussions sur les problèmes et les objectifs communs à toutes les sociétés et l'on a le ferme espoir que cette réunion aura pour effet de créer et de développer de nouvelles activités dans les pays participants. Cette semaine de la Croix-Rouge de la Jeunesse à Bruxelles a été rendue possible par la généreuse collaboration de la Croix-Rouge belge.

Certaines dépenses de la Ligue en 1926 ont été particulièrement élevées. Ce fait est dû à deux causes principales : premièrement, trois grandes conférences internationales de la Croix-Rouge, présentant un caractère régional, ont été tenues dans des villes éloignées, Washington, Oslo et Tokio. Les frais d'organisation, de représentation et d'impression occasionnés par ces conférences ont été beaucoup plus considérables que l'on ne s'y attendait. En second lieu, les imprimeries de Paris ont majoré leurs prix, augmentant ainsi considérablement les frais de publication de « Vers la Santé », du « Bulletin d'Information » et de diverses brochures de propagande. Les dépenses extraordinaires pour 1926 ont temporairement épuisé les réserves de la Ligue, mais l'on pense qu'à l'aide d'économies réalisées en 1927, l'état des finances redeviendra normal. Il serait assez difficile d'établir en ce moment un détail du budget pour 1928. Il n'est pas possible de prévoir six mois d'avance les besoins relatifs des diverss services de la Ligue. On propose donc que le Conseil des Gouverneurs fixe le total de la somme disponible pour le budget 1928 et autorise le Comité Exécutif à répartir cette somme avec l'aide et les conseils de la Commission des Finances du Secrétariat, entre les différents chapitres du budget suivant les exigences de la situation établie immédiatement avant la fin de 1927. Le Conseil remar-

quera que le total du Budget proposé pour 1928 est sensiblement
le même que celui de l'année 1927.

Je suis sûr que les membres du Conseil éprouvent comme moi
un certain sentiment de fierté en considérant la composition de
cette assemblée. En parcourant la liste des personnalités assistant
officiellement à la Conférence nous relevons les noms de :

17 Présidents et anciens Présidents de Sociétés nationales;

5 Vice-Présidents de Sociétés nationales;

7 Secrétaires Généraux et Directeurs Généraux ;

7 Membres de Comités Centraux.

9 Délégués en rapport avec des Sociétés nationales;

11 Délégués par procuration;

4 Membres du corps diplomatique spécialement désignés pour
assister à cette réunion.

Je crois pouvoir affirmer sans me tromper que nulle assemblée
internationale de représentants des sociétés de la Croix-Rouge
n'a réuni dans ces dernières années un aussi grand nombre de
hautes personnalités.

Qu'il me soit permis d'ajouter quelques mots avant de terminer ce bref compte-rendu. Mes fonctions de vice-président et de
directeur général par intérim de la Ligue prennent fin et je désire
présenter ici aux sociétés nationales, au Conseil des Gouverneurs
et aux membres du Comité exécutif en particulier l'expression
de ma gratitude la plus sincère pour la bienveillance et la courtoisie dont ils ont toujours fait preuve dans nos relations et l'aide
que j'ai toujours rencontrée auprès d'eux pendant la période où
j'ai rempli le poste que je quitte aujourd'hui. Je suis convaincu
que mon successeur trouvera un appui aussi complet auprès de
tous ceux qui ont entre leurs mains l'avenir de la Ligue.

LE PRÉSIDENT. — Ceci termine le programme de cette séance. Le Président a pensé que vous désireriez consacrer ce qui
nous reste de la matinée pour exprimer vos vues générales sur
quelque sujet que vous puissiez avoir dans l'esprit. Je désirerais
savoir si telle est votre intention.

M. MORFOFF (Bulgarie). — La Société bulgare de la Croix-
Rouge m'ayant chargé de la haute mission de la représenter au
Conseil des Gouverneurs, je me fais un devoir d'exprimer aux
noms du Gouvernement, de la Croix-Rouge bulgare et des réfugiés
bulgares, notre profonde gratitude aux Croix-Rouges allemande,
belge, britannique, française, hongroise, italienne, suédoise, pour

les missions qu'elles ont envoyées, ainsi qu'aux Croix-Rouges américaine, équatorienne, française, norvégienne, epagnole, suédoise, du Salvador et du Vénézuéla, pour leurs dons généreux en espèces et en nature.

Cette action internationale de secours en faveur des réfugiés bulgares a contribué à soulager le triste sort de milliers de malheureux. Encore une fois merci de tout cœur pour cette œuvre humanitaire.

COLONEL DRAUDT (Allemagne). — La Croix-Rouge allemande, que je représente ici, m'a chargé de vous faire une déclaration pour laquelle je me permets de vous demander quelques instants d'attention ; bien que cette déclaration ne se rapporte pas directement aux questions que nous allons traiter, elle pourrait peut-être projeter quelque lumière sur notre tâche présente. J'ai déjà eu l'honneur, à diverses reprises, d'exprimer dans le cercle international de la Croix-Rouge l'avis de la Croix-Rouge allemande sur les questions relatives à la réorganisation actuelle de la Croix-Rouge internationale. Cet avis n'a aucune prétention à l'originalité. La Croix-Rouge allemande a évité de prendre parti dans la controverse déjà ancienne qui a pour objet le problème de la Croix-Rouge internationale. Et si douloureux qu'il soit de parler de partis au sein de la Croix-Rouge, je trouve que cette expression n'est pas tout à fait inadéquate dans la situation présente. La proposition faite par la Croix-Rouge allemande, qui croyait y voir la possibilité d'une solution, fut tout simplement le conseil de faire un pas en avant qui est dans les désirs de tous, la fusion de l'Assemblée Générale de la Ligue et de la Conférence internationale de la Croix-Rouge : l'institution à titre permanent, dans la Croix-Rouge internationale, d'une instance suprême aurait pu être le point de départ d'un rapprochement progressif des éléments hétérogènes de la Croix-Rouge internationale. Mais les désirs justifiés qui vont plus loin que ce premier pas ne peuvent être accueillis, car dès que l'on veut aller plus loin, la contradiction surgit presque automatiquement et détruit l'accord de principe auquel on est arrivé.

Cet accord, — j'entends l'accord non écrit, non organisé de tous les travailleurs de la Croix-Rouge du monde entier — est considéré par la Croix-Rouge allemande comme un élément de l'histoire du monde dont l'importance est telle que son maintien intégral doit être le premier devoir des Sociétés nationales de la Croix-Rouge. C'est ici qu'intervient la profession de foi de la

Croix-Rouge allemande, car, précisément, celle-ci a pu pleinement
apprécier, au cours des dernières années de l'histoire allemande,
la valeur des liens créés entre les peuples, non pas sur les ponts
fragiles de la politique, mais sur la base des sentiments humains
en général. La Croix-Rouge constitue un des liens, le plus vaste du
monde peut-être. J'ai une foi si forte dans la Croix-Rouge et dans
les possibilités de son développement, que je serais presque tenté
de regretter qu'elle doive en chercher la réalisation palpable dans
des formes organisées. Telle est sans doute la destinée humaine
que la pureté d'une idée doive toujours se ternir dans sa réalisation pratique. Nous pouvons toutefois évoquer avec reconnaissance les côtés positifs de nos organisations, et en premier lieu
les institutions internationales placées à la tête de la Croix-Rouge.
Le Comité international constitue non seulement l'incarnation de
l'origine historique de la Croix-Rouge, mais il en forme, maintenant encore, l'élément essentiel. Certes, au point de vue de la
logique, on pourrait élever des objections contre la composition
du Comité international et même contre ses méthodes de travail.
Mais si l'on estime, comme moi, que la véritable essence de la
Croix-Rouge et le caractère original qui la distingue des autres
organisations humanitaires, réside dans sa neutralité — neutralité politique aussi bien que neutralité d'esprit — il faut admettre,
au moins du point de vue empirique, que le Comité International
a été la meilleure des créations possibles pour sauvegarder cette
neutralité et en implanter la tradition parmi les peuples. Je ne
crois pas manquer aux devoirs qu'impose l'hospitalité reçue en
avançant que la Ligue des Sociétés de la Croix-Rouge, souvent
attaquée, et parfois à juste titre, n'aurait jamais pu remplir cette
tâche, la plus importante peut-être de la Croix-Rouge internationale. Nous tous nous connaissons la guerre; et s'il est légitime
d'espérer que l'homme apprenne par l'expérience, il suffit d'évoquer le spectre d'une guerre pour se faire une idée du rôle que
la Ligue pourrait jouer, et de celui qu'elle ne pourrait pas assumer en cas de guerre. Les défauts mêmes qui sont inhérents dans
cet ordre d'idées à une union fédérative des sociétés nationales
de la Croix-Rouge nous forcent à admirer le développement acquis
par la Ligue des Sociétés de la Croix-Rouge. Ayant pris naissance
dans des conjonctures éminemment politiques, elle est devenue,
pour la Croix-Rouge, après huit ans d'existence, un centre de
travail qui, libéré de toute politique, poursuit uniquement la tâche d'encourager le travail pratique de la Croix-Rouge parmi les
peuples. Il serait injuste de ne pas concéder à une institution aussi

jeune, le droit de faire quelques maladies d'enfant. Je suis certain
que la direction de la Ligue s'efforce ardemment de remédier
aux défauts constatés et d'améliorer son organisation, conformément aux principes fédératifs et représentatifs que la Ligue pro-
fesse. En tous cas, vous partagez, j'espère, mon avis, que la Ligue
a déjà fourni la preuve de son utilité pratique,et,ce qui me paraît
plus important encore, nous a ouvert des perspectives précieuses
sur les possibilités qui s'ouvrent à la collaboration active entre
les sociétés nationales de la Croix-Rouge en temps de paix.

Si l'on partage ma foi dans la valeur de ces deux éléments,
le Comité et la Ligue, on reconnaîtra aussi leur différence fondamentale, et le danger que présente la tentative d'un règlement
forcé du problème de la Croix-Rouge internationale· Une réunion
forcée de ces éléments si hétérogènes peut être faite seulement
au détriment de l'une ou de l'autre partie. L'impatience que fait
éprouver à plusieurs Sociétés de la Croix-Rouge la marche lente
du développement de la situation est bien compréhensible, mais il
ne faut pas perdre de vue que nous venons de traverser une guerre
mondiale et que tout ce qui a été entrepris depuis — dans quelque
domaine que ce soit — n'est qu'un commencement et une ébauche,
et qu'il ne pouvait en être autrement après l'énorme dévastation
que toutes les valeurs ont subi.

Ayant ainsi essayé de traiter le rapport spirituel qui existe entre ces diverses questions, je me permettrai encore quelques remarques sur les conséquences pratiques que les événements actuels
me paraissent susceptibles de produire. L'internationalisme a toujours été le trait caractéristique de la Croix-Rouge. L'histoire de
la Croix-Rouge nous démontre que celle-ci a été conçue comme
une idée éminemment internationale; ce n'est que plus tard qu'est
apparu le développement de la Croix-Rouge dans les divers pays.
C'est aussi cet internalionalisme qui a toujours distingué la Croix-
Rouge des autres institutions ·humanitaires et qui fait peut-être,
vis-à-vis de celles-ci, la force de sa position. En ce moment, je
crois voir dans le monde des développements qui pourraient porter préjudice à cette position particulière de la Croix-Rouge. La
guerre nous a fait reconnaître quels dangers d'explosion un na-
tionalisme intense peut renfermer. Les nécessités de l'économie
mondiale font apparaître une tendance à dépasser les frontières
nationales. Il s'en est suivi une surabondance d'organisations internationales après la guerre. Bien que bon nombre de ces organisations doivent être considérées comme passagères, et n'ayant pas
droit à une existence permanente, elles accusent néanmoins, selon

moi, très distinctement, la direction même de ce développement;
il faut donc compter avec ce fait en pensant à l'avenir de la
Croix-Rouge. Pour m'exprimer franchement, les courants d'idées
actuels me paraissent une concurrence dangereuse pour la Croix-
Rouge. Laissez-moi vous rappeler que depuis longtemps les institutions religieuses de bienfaisance se sont associées sur une base
internationale et paraissent de plus en plus décidées à réclamer
voix au chapitre dans ces questions humanitaires internationales,
qui étaient, jusqu'à présent, presque le monopole de la Croix-
Rouge. Je ne sais pas si vous avez appris qu'à la Séance internationale de l'Union Caritas, la remarquable organisation de l'Eglise
Catholique, un rapport a été présenté sur le projet Ciraolo, et que
l'Assemblée a nettement pris parti contre l'ambition de la Croix-
Rouge de constituer l'organe exécutif de « l'Union internationale
de Secours ». En Allemagne, nous sommes habitués à voir les institutions humanitaires privées se rencontrer ainsi sur le même terrain, ce qui s'explique à la fois par la limitation du champ de travail et par les besoins d'action toujours croissants dans le domaine
de l'assistance. Une lente pénétration du même phénomène sur le
terrain international semble être seulement la suite logique de
ce qui se passe sur le terrain national. Je pense que la Croix-Rouge
commettrait une faute en entrant en lutte avec ces forces internationales parallèles. Si de pareils développements sont justifiées,
ils possèdent en eux des forces suffisantes pour prendre corps et
naître à la vie, de sorte que leur suppression serait impossible à
la longue. Au lieu de lutter, il faut délimiter les champs de travail et la compétence de ces divers mouvements. Bien entendu, le
temps n'est pas encore venu d'établir les bases d'un arrangement.
Cependant, des cas *ad hoc* vont se présenter, comme celui du Projet Ciraolo, qui exigeront toute l'attention et l'habileté de la Croix-
Rouge internationale.

Vous m'excuserez d'avoir retenu votre aimable attention sur
ces considérations, qui s'écartent en apparence du sujet qui nous
occupe. Il me paraît cependant utile, actuellement, d'élever notre
pensée au-dessus de notre tâche présente pour penser au devoir
plus grand encore qui nous incombe, l'avenir de la Croix-Rouge.
Si vous partagez mes opinions sur l'évolution future de la Croix-
Rouge, vous arriverez sans doute à la même conclusion que moi,
à savoir que l'essentiel est de fortifier la Croix-Rouge au point
qu'elle puisse suivre l'évolution mondiale. Cette considération
nous impose une responsabilité particulière qui s'étend à nos projets actuels. L'avenir de la Croix-Rouge est un souci commun qui

nous rend solidaires, même si nos opinions nous divisent quant aux détails. Restons fidèles à cette solidarité, et évitons tout ce qui peut éveiller dans l'esprit du public le soupçon même d'une désunion au sein de la Croix-Rouge. Agissons ainsi en pensant à l'idée que nous servons et en pensant à l'existence de notre grande organisation internationale que nous devons conserver forte et vivace.

LE PRESIDENT. — Comme il y a des copies du rapport du Colonel Draudt en anglais, je propose qu'on ne le traduise pas.

M. HAMMARSKJÖLD (Suède). — Je crois comprendre que ce n'est pas l'intention du Président de commencer une discussion sur certains des points à l'ordre du jour bien que le discours du Colonel Draudt soulève certains de ces points. Je n'ai pas mandat pour discuter d'une façon générale l'organisation de la Croix-Rouge internationale. Je me borne ici à discuter les questions à l'ordre du jour, c'est-à-dire les résolutions de Berne et les amendements possibles.

M. GEOFFRAY (France). — La question est délicate et importante; on se propose de nommer une commission pour approfondir la question et je suis d'avis qu'il vaudrait mieux laisser cette commission se réunir et faire son rapport, puis d'avoir une discussion générale sur le rapport de la commission.

Général GARINO (Argentine). — Je suis du même avis que M. Geoffray; ce travail doit être laissé à la première commission étant donné l'importance et la difficulté de la question.

M. CONILL (Cuba). — Si je crois bien interpréter l'intention de notre Président, il s'agit de procéder à un échange de vues; plus tard, les commissions se réuniront et l'assemblée discutera.

LE PRESIDENT. — Le Bureau croit comprendre que quelques membres de l'assemblée désireraient présenter des observations générales, et comme nous avons le temps, il leur en a donné l'opportunité. Il n'a jamais pensé ouvrir une discussion qui n'aurait pu conduire à aucune conclusion.

COMTE de MIMBELA (Pérou). — Je suis d'accord avec les délégués argentins et français. La déclaration du Colonel Draudt est très importante et elle doit être étudiée soigneusement; elle devrait par conséquent être renvoyée immédiatement à la première Commission où il sera possible aux différents membres d'exprimer leur point de vue.

LE PRESIDENT. — En considération de ce que viennent de dire les trois derniers orateurs, peut-être serait-il bon d'ajourner

3

la séance. Les Commissions se réuniront à 3 heures cet après-midi : la première, dans cette pièce et les autres dans leurs pièces respectives.

COMTE de MIMBELA (Pérou). — Avant de nous séparer, je propose que le Conseil exprime sa gratitude et son admiration pour le travail accompli, non seulement par le Bureau et par le Comité exécutif, mais aussi par notre Président.

La séance est levée à 11 heures 30.

DEUXIÈME *SÉANCE* PLÉNIÈRE

JEUDI 5 MAI 1927

15 H. 15

Présidence de l'honorable John Barton Payne

Le PRÉSIDENT. — La séance plénière, d'après l'ordre du jour est convoquée à 3 heures. Avant de commencer, plusieurs communications vont vous être faites.

Le SECRÉTAIRE. — Adjonctions et changements apportés à la liste des Gouverneurs :

Costa-Rica : S. E. M. ACOSTA, nommé suppléant de S. E. le marquis de PERALTA.

Chili : Dr. CRUZ GANA, nommé suppléant.

Chine : M. HSIAO CHI YUNG, représentant le Gouverneur chinois, M. LI CHUIN, suppléant.

Indes Néerlandaises : Représentation donnée au général ROËLL.

Afrique du Sud : Sir CLAUDE HILL siège comme représentant de Sir EVELYN WALLERS.

Nous avons reçu les télégrammes suivants :

De Dantzig :

« Croix-Rouge Dantzig regrette absence réunion Conseil des Gouverneurs, envoie ses meilleurs vœux et espère réunion servira meilleurs intérêts Croix-Rouge : Dr. Ferber, secrétaire.

De Hongrie :

« Serais reconnaissant si colonel Draudt représentait Croix-Rouge Hongroise réunion plénière : vice-président de la Croix-Rouge hongroise. »

De l'Equateur :

« Nommé délégué Équateur, assisterai séance vendredi. Veuillez exprimer mes regrets absence inauguration : Zaldumbide »

Du Venezuela :

« Il y a une lettre du Ministre du Venezuela à Rome, exprimant ses regrets de ne pouvoir assister à la réunion et envoyant ses meilleurs vœux. »

Télégramme de l'Archevêque de Sofia :

« Regrette profondément apprendre terrible perte de vies et dommages causés par inondations Mississipi, prière transmettre notre profonde sympathie au juge Payne; nous prions pour que notre père tout puissant donne de la force à la Croix-Rouge américaine pour lui permettre d'adoucir ces souffrances et d'accomplir la mission d'humanité et de charité de la Croix-Rouge : Stéphane, Archevêque de Sofia.

Le PRÉSIDENT. — Y a t-il une Commission prête à faire son rapport ?

Sir FREDERICK WHYTE (Indes). — Bien que la deuxième et la troisième Commissions ne soient pas tout à fait prêtes je voudrais mentionner qu'à la séance de ce matin, le comte Potocki a présenté une résolution que je voudrais vous soumettre. Voici cette résolution.

« Le Conseil des Gouverneurs de la Ligue des Sociétés de la Croix-Rouge, faisant suite au bel exemple donné par la Croix-Rouge française :

« Recommande aux Croix-Rouges nationales de porter dans la mesure de leurs possibilités, comme preuve de sympathie et fraternité internationale, aide et secours aux sinistrés de la vallée du Mississipi ».

Je pense qu'il n'est pas nécessaire de commenter cette résolution et j'espère qu'elle sera unanimement adoptée par le Conseil.

Le PRÉSIDENT. — Je regrette que Sir Edward Stewart ne soit pas présent car il a un télégramme de la Croix-Rouge américaine sur le même sujet, que lui a envoyé la Croix-Rouge britannique. Ce télégramme dit que la Croix-Rouge américaine exprime sa profonde reconnaissance pour les marques de considération qui lui ont été envoyées mais qu'en ce qui concerne l'assistance matérielle il n'est pas nécessaire que les sociétés nationales envoient des secours.

Les membres de la sous-commission se retirent.

Le Colonel Bohny (Suisse) occupe le siège de la présidence en l'absence du Juge Payne.

Sir CLAUDE HILL (Afrique du Sud). — En l'absence de M. Geoffray je vais lire le rapport de la Commission des Finances. Permettez-moi d'ajouter que M. Geoffray était président de cette Commission.

"Nous avons l'honneur de soumettre cinq résolutions à l'approbation de la Conférence plénière.

Nous avons examiné les comptes vérifiés par les experts comptables, pour la période de 18 mois qui a pris fin le 31 décembre 1926, ainsi que les propositlons budgétaires soumises par le Trésorier Général et le Directeur Général par intérim. Nous constatons avec satisfaction le soin et l'activité déployés par le Trésorier Général et son personnel dans la surveillance des dépenses et le contrôle exercé sur les frais généraux. Cette tâche est rendue extrêmement difficile par suite de l'évolution et du développement constants de l'œuvre de la Ligue et les croissantes demandes des sociétés nationales. Il nous a semblé qu'il serait utile de fixer, pour l'avenir le total maximum du personnel devant être employé, vu que l'appel fait aux services des différentes sections de la Ligue rend difficile la compression des dépenses dans les limites du budget et nous avons par conséquent conseillé dans ce projet de résolution :

a) Une évaluation plus limitée des revenus et

b) Une rigoureuse limitation du nombre des membres du personnel et l'évaluation des salaires pour l'année 1928.

Nous espérons que, de cette façon, il n'y aura aucune difficulté à équilibrer les recettes et les dépenses.

Projet de résolutions soumis au Conseil des Gouverneurs
par la Commission des Finances

1º Le Conseil des Gouverneurs,

Ayant examiné le rapport des vérificateurs sur les opérations financières de la Ligue, pour la période du 1er juillet 1925 au 31 décembre 1926, ainsi que le rapport financier du Directeur général par intérim, prend note de l'exactitude des comptes vérifiés par les experts comptables et exprime sa satisfaction de la réduction apportée aux frais généraux pour l'année en cours, conformément aux recommandations formulées par la Commission des Finances.

2º Le Conseil des Gouverneurs,

Remarque avec satisfaction qu'un grand nombre de sociétés nationales contribuent au budget de la Ligue.

Émet l'espoir que le nombre et le montant des contributions augmenteront au fur et à mesure du développement de l'œuvre de ces sociétés,

Et exprime à la Croix-Rouge américaine sa haute appréciation de son généreux et indispensable appui qui permet la réalisation du programme de la Ligue.

37

3° *Le Conseil des Gouverneurs,*

Après avoir examiné les propositions relatives au budget pour l'année 1928,

Remarque que, en raison des difficultés que présente l'établissement d'un budget exact à une aussi longue échéance, le Secrétariat a été obligé de prendre comme base la situation actuelle en ce qui concerne le nombre des membres du personnel et le montant des traitements ; il est en conséquence proposé d'évaluer ces chiffres suivant cette base pour 1928, et de prévoir les éventualités,

Remarque en outre que, dans l'évaluation des recettes, il a été supposé que tous les revenus antérieurs composant le fonds général seraient perçus intégralement en 1928, et estime qu'il est opportun de présumer qu'en ce qui concerne les chapitres : « Autres Sociétés nationales » et « Recettes diverses », les recettes pourront être inférieures et devraient être évaluées respectivement :

$25.000 (au lieu de 30.000) et $5.000 (au lieu de 10.000).

Observe que l'évaluation provisoire proposée sous le chapitre « Salaires » prévoit $160.000 contre $150.000.

Et est d'avis que

a) Le personnel du Secrétariat ne devrait pas être supérieur à 85 membres et

b) La somme totale prévue pour les traitements ne devrait. pas dépasser $150.000.

Le Conseil des Gouverneurs autorise en conséquence le Comité Exécutif à établir le budget général à une date ultérieure en 1927, sur la base des modifications ci-dessus aux propositions du Secrétariat, le total des dépenses ne devant pas dépasser $225.000 et le total des traitements devant être réduit ainsi qu'il est indiqué, après que des propositions détaillées et établies sur cette base auront été étudiées par la Commission des Finances.

Les sommes indiquées pour affectations spéciales, en dehors du budget général, devront continuer à être administrées comme fonds avec affectations spéciales.

4° *Le Conseil des Gouverneurs,*

Appréciant hautement la décision prise par la Fondation Laura Spelman Rockefeller de verser une contribution de $30.000 pour les deux années précédentes pour le développement de la Croix-Rouge de la Jeunesse par la Ligue, transmet au Conseil d'administration de la Fondation, les sentiments de gratitude des sociétés nationales fédérées dans la Ligue.

5° *Le Conseil des Gouverneurs,*

Ayant pris connaissance avec satisfaction des fonds spéciaux placés à la disposition de la Ligue par la Croix-Rouge américaine et d'autres institutions dans le but de seconder les sociétés nationales dans le développement de certaines branches d'activités, donne son approbation au Secrétariat sur l'administration de ces fonds et autorise le Secrétariat à accepter et à administrer toute autre contribution similaire qu'il pourrait recevoir. »

Le PRÉSIDENT. — Vous avez entendu le rapport de la Commission des Finances que vient de lire Sir Claude Hill. Avez-vous des objections à faire au sujet des résolutions 1, 2, 3, 4, 5 ? Nous ne pourrons pas toutefois approuver le rapport de la Commission des Finances, il faut pour cela attendre que la séance plénière soit au complet.

Y a-t-il d'autres questions que vous aimeriez discuter en attendant que la sous-commission termine ses travaux ?

Je me permets une observation : Sir Claude Hill a dit que le budget ne pouvait être approuvé complètement, que ce soin devait être laissé au Comité exécutif ; cela prouve une fois de plus qu'il appartient au Comité exécutif de faire tout le travail. Pourquoi, dans ces conditions, faut-il que le Conseil des Gouverneurs se réunisse à chaque instant pour discuter de telles questions. Ainsi nous sommes obligés de laisser au Comité exécutif le soin de s'occuper du budget. Il en est de même pour le renouvellement du bail qui ne peut être fait avant l'été ; c'est encore le Comité exécutif qui doit diriger la Ligue à cette occasion. D'ailleurs nous avons tous une confiance absolue en ce Comité qui dirige la Ligue d'une façon excellente. Il n'est donc pas du tout nécessaire que 50 Gouverneurs viennent de toutes les parties du monde pour approuver ce que fait le Comité exécutif. Nous pensons donc, qu'il est absolument superflu que, pour l'organisation de la Croix-Rouge, il y ait à la Ligue une complication de Conseils dont les membres sont constamment en route et qui perdent du temps et de l'argent dont ils pourraient faire un meilleur usage dans leurs pays.

On a dit hier que nous voulions combattre la Ligue ; nous voulons au contraire la développer, l'étendre, mais non pas qu'elle soit dirigée d'une manière trop compliquée, ce qui nous empêcherait d'en faire partie. Je suis d'un pays très rustique, la Croix-Rouge suisse n'a pas beaucoup d'argent. Nous sommes construits un peu différemment des Américains qui voyagent de Washington à Tokio, de Tokio à Constantinople, de Constantinople à Paris, comme nous allons à Versailles ; nous ne pouvons pas faire la même chose. J'ai été invité à me rendre à Washington et j'aurais aimé y aller, mais, quand j'ai

parlé de cette invitation à la direction, tout le monde s'est écrié :
« Vous n'avez rien à faire à Washington, restez avec nous ».

C'est cette différence de vues qui est à la base de tout ce que nous
avons fait à Berne.

Vous voulez réduire ici le nombre des employés, diminuer les
traitements, la Ligue est obligée de faire des économies. Je sais que
lorsque la Ligue était à Genève, elle se développait mieux, elle avait
des fonds en masse, mais cela n'a pas continué. Réfléchissez que ce
que nous avons proposé à Berne n'était nullement contre la Ligue.

Sir CLAUDE HILL (Afrique du Sud). — Si nous sommes capables
de discuter des questions d'une telle importance, il me semble que
nous pouvons également discuter le rapport de la Commission des
Finances et procéder au vote.

Le PRÉSIDENT. — J'espère que ce que j'ai dit n'a froissé personne. Comme personne ne demandait la parole, j'ai pris la liberté
de parler. Je crois que nous pouvons discuter le rapport mais non
pas voter.

M. CONILL (Cuba). — Je suis d'accord avec tout ce qu'a dit
Sir Claude Hill et je me permets d'ajouter quelques mots en réponse
au Colonel Bohny. Je désirerais rappeler au Conseil que nous possé-
dons un Comité Exécutif grâce à un amendement fait aux Statuts
il y a quelque temps. Nous nous réunissons quatre fois par an et nous
avons accompli le travail qui nous était confié, si bien que nous avons
épargné la peine et le temps des gouverneurs ; mais en même temps
on ne peut comparer les fonctions du Comité et celles du Conseil des
Gouverneurs. En outre, le Comité Exécutif dérive son pouvoir du
Conseil et ne peut travailler que parce qu'il a ce pouvoir.

Quant aux voyages, il est évident que la Croix-Rouge suisse ne
peut envoyer des missions dans le monde entier comme le fait le
Comité International de la Croix-Rouge. La Croix-Rouge suisse peut
ne pas avoir les moyens d'envoyer un représentant à Washington,
mais le Comité International de la Croix-Rouge a envoyé une dame,
Mlle Ferrière, à Buenos-Aires, qui est restée une année en Amérique
du Sud pour faire de la propagande en faveur du Comité International
de la Croix-Rouge. Les voyages que fait faire la Ligue sont entrepris
au bénéfice des sociétés nationales, tandis que les voyages effectués
pour le Comité International de la Croix-Rouge n'ont qu'un but de
propagande. C'est là une distinction qu'il fallait faire.

Le PRÉSIDENT. — La même confusion se renouvelle toujours
même en Suisse, on confond la Croix-Rouge suisse et le Comité International de la Croix-Rouge. Le Comité International n'a rien à faire

avec nous, c'est une Commission qui s'est choisie elle-même et qui siège à Genève et nous sommes une société nationale ; nous avons souffert de cette confusion pendant la guerre. Les fonds qu'on nous destinait étaient envoyés à Genève, parce que le public pensait que notre siège était dans cette ville ; mais nous sommes à Berne, nous sommes une société nationale suisse et si le Comité International de la Croix-Rouge envoie des délégués n'importe où, nous n'y pouvons rien.

Sir CLAUDE HILL. (Afrique du Sud). — Puis-je suggérer au Président que nous demandions l'opinion de la Commission ? Désire-t-elle que nous votions la Résolution ? Il n'y a que 7 ou 8 membres absents.

Dr. LINHART (Tchécoslovaquie). — Il me semble qu'on peut discuter et voter le rapport des Finances, même en l'absence d'une partie des Gouverneurs. Il ne s'agit pas de charger le Comité exécutif de tout le budget. Nous avons ce budget dans nos dossiers, la Commission propose que seules quelques questions de détail soient transférées au Comité exécutif.

Le PRÉSIDENT. — Si tout le monde est de cet avis nous allons voter. Quelqu'un désire-t-il prendre la parole ?

Si vous le voulez nous voterons les cinq résolutions ensemble et je prie ceux qui sont en faveur des cinq résolutions présentées par la Commission des Finances de vouloir bien lever la main.

Les résolutions sont adoptées par 28 voix sans opposition.

Le PRÉSIDENT. — Comme il n'y a plus rien à discuter, nous pouvons ajourner jusqu'à ce qu'on soit arrivé à une décision dans la pièce à côté.

La séance est levée 16 h. 15.

TROISIÈME *SÉANCE* PLÉNIÈRE

Vendredi 6 mai 1927,
15 heures

Présidence de l'Honorable John Barton Payne

LE PRESIDENT. — Il est maintenant 15 heures, la séance plénière est ouverte. Permettez-moi de vous informer que la sous-commission qui s'est occupée de la réorganisation de la Croix-Rouge a présenté son rapport ce matin à la Première Commission, en même temps qu'un rapport de minorité émanant de M. Hammarskjold. Ces deux rapports ont été discutés pendant une heure, après quoi nous nous sommes séparés pour déjeuner. Il vient d'être suggéré qu'on gagnerait beaucoup de temps si la question était étudiée, sans les recommandations de la première commission et traitée en séance plénière. Je vais donc vous lire le rapport de la majorité de la sous-commission et je demanderai à M. Hammarskjöld de vous lire son rapport de minorité.

LE PRESIDENT lit :

1. Une Conférence internationale unifiée sera convoquée tous les quatre ans ; elle possèdera des pouvoirs délibératifs, sans pouvoir prendre aucune décision relative à l'organisation ou aux statuts du Comité international ou de la Ligue.

2. Le Conseil des Gouverneurs de la Ligue se réunira en session régulière tous les deux ans. Le Comité exécutif garde le droit de convoquer des sessions extraordinaires du Conseil.

3. Une session sur deux du Conseil des Gouverneurs fera partie de la Conférence internationale. Dans les autres sessions, le Conseil ne prendra de décision sur aucun objet étranger au programme de la Ligue des Sociétés de la Croix-Rouge.

4. Le Comité exécutif de la Ligue sera composé de neuf ou dix membres et exercera les pouvoirs conférés au Conseil des Gouverneurs, dans l'intervalle des sessions de celui-ci. Il siègera en principe trois fois par an. »

5. « Un Conseil, composé de neuf membres, nommé par la Con-

férence internationale ainsi qu'il est prévu dans les dispositions de Berne, sera chargé de préparer l'ordre du jour des Conférences internationales, de convoquer celles-ci, enfin d'examiner et de trancher les questions qui lui seraient soumises relativement aux conflits ou aux divergences survenant entre le Comité international et la Ligue.

Ce Conseil se réunira à Genève. Ses présidents, secrétaires et membres ne recevront aucune indemnité.

6. Le Comité international et la Ligue gardent leur indépendance, leur direction autonome, leurs statuts et leur règlement intérieur, sauf en ce qui concerne les changements résultant des résolutions précédentes. »

M. HAMMARSKJÖLD (Suède). — lit sa contre-proposition :

« 1. Une conférence internationale unifiée, à convoquer tous les quatre ans ; cette conférence aura des pouvoirs délibératifs et législatifs, étant entendu qu'en ce qui concerne les questions exclusivement de Croix-Rouge, les délégués gouvernementaux s'abstiendront. Elle sera l'organe principal de la Croix-Rouge internationale.

2. Le Conseil des Gouverneurs se réunira en session ordinaire tous les deux ans, le droit de convoquer des sessions extraordinaires étant réservé.

3. Toutes les deuxièmes sessions du Conseil des Gouverneurs se réuniront en même temps que les sessions de la conférence et feront partie intégrale de celle-ci. Les sessions du Conseil se réunissant en dehors des conférences seront empêchées par des dispositions statutaires de prendre des décisions sur des questions déjà tranchées par la Conférence plénière ou inscrites à l'ordre du jour d'une session prochaine de la Conférence.

4. Comme dans le projet Payne.

5. Comme dans le projet Payne, sauf la question de rémunération qui reste réservée.

6. Comme dans le projet Payne, sauf modifications de détail.

Note. — Le point 1 implique, bien entendu, la création d'une véritable Croix-Rouge internationale ; la formule constitutive pourrait se rapprocher de celle employée par le sénateur Ciraolo dans son article 1er et devrait en tout cas exprimer l'idée que la Croix-Rouge internationale est constituée par les sociétés nationales qui la composent, mais avec l'utilisation, en tant qu'organes exécutifs, du Comité international de Genève et de la Ligue.

LE PRESIDENT. — Les rapports sont maintenant entre vos mains ; quels sont vos désirs ?

M. GEOFFRAY (France). — J'ai l'honneur de vous proposer un amendement qui a pour objet de concilier les deux solutions et qui devrait être ajouté à la fin de l'article 1er de la contre-proposition.

« Toutefois les statuts du C. I. C. R. et ceux de la Ligue devront être soumis à la Conférence internationale pour approbation et entérinement. Une fois adoptés à la Conférence, celle-ci n'aura pas le droit de les modifier de sa propre autorité, mais seulement celui de recommander à l'une ou l'autre institution l'opportunité d'apporter elle-même à ses Statuts telles modifications dont les circonstances sembleraient démontrer la nécessité. »

En d'autres termes chacune des organisations conserverait ses statuts qui ne seraient plus modifiés. Dans la pensée de ma Société, les deux organismes fonctionneraient selon leurs statuts respectifs, sauf dans des cas exceptionnels où il y aurait lieu de modifier ces statuts eux-mêmes, auquel cas ils ne seraient modifiés que par chacun des organismes correspondants, qui conserveraient leur liberté d'action. Je suis chargé de vous remettre cet amendement dans un but de conciliation. Nous espérons arriver à éviter des divergences de vues dont l'importance ne vous échappera certainement pas. Je dois ajouter que si notre amendement était accepté, nous nous rallierions entièremnet à la proposition de la majorité ; dans le cas contraire, nous devrions nous abstenir.

M. CONILL (Cuba). — Si nous acceptions cet amendement, nous nous interdirions de ce fait le droit d'amender les statuts du C. I. C. R. Par contre la Ligue pourrait être obligée de changer sa constitution.

M. THIEBAUT (France). — Je ne suis pas d'accord sur ce point avec M. Conill. Si j'ai bien entendu le texte, il est dit : « mais seulement celui de recommander à l'une ou l'autre institution ». C'est une recommandation. La conférence aurait le droit, dans une circonstance donnée, et très vraisemblablement exceptionnelle, de dire soit au Comité, soit à la Ligue : « Il serait opportun de modifier vos statuts de façon à les harmoniser avec les circonstances présentes ». Mais cela n'implique, en aucune façon pour la Conférence, le droit de prendre l'inititative d'un pareille modification. Puis-je me permettre d'ajouter quelques mots ?

Le texte que vient de soumettre S. E. M. Geoffray a été suggéré
par la Croix-Rouge française, dans un ardent désir de voir le présent Conseil des Gouverneurs aboutir à un résultat qui, s'il n'est
pas parfait, donnera dans une certaine limite, la possibilité à tout
le monde ici de s'y rallier. C'est la continuation de l'esprit de Berne
auquel nous avons fait allusion si souvent au cours des discussions
qui se sont prolongées hier et aujourd'hui au sein de la sous-commission. Le projet de la majorité, tel qu'il vous est présenté, a
paru au représentant de la Croix-Rouge française au sein de cette
commission, difficilement acceptable, c'est pourquoi la Croix-
Rouge française s'est rangée du côté de celui de la minorité, dont
le texte répond davantage aux vues d'unité de la Croix-Rouge française. J'ai personnellement, et je vous demande pardon d'y faire
allusion, fait de tels efforts à Berne pour obtenir l'unanimité sur les
dispositions qui ont été mises ici sous vos yeux que j'ai peut-être
quelque droit de demander à tous nos collègues ici présents de bien
réfléchir avant de prendre une décision irrévocable. La Croix-
Rouge se trouve en ce moment à un tournant dangereux et je
souhaite de toutes mes forces que son char ne se heurte pas à la
borne qui marque ce tournant et ne se renverse pas. Je crois que si
la proposition transactionnelle de M. l'ambassadeur Geoffray y
était acceptée, elle donnerait à notre honorable président les apaisements qu'il recherche. Les règlements et statuts de la Ligue, il
vient de le dire lui-même dans son projet, vont être amendés dans
la mesure où les résolutions qui vont être prises ici l'exigeront. C'est
la Ligue elle-même qui va procéder à ces amendements. Je ne crois
pas que ce serait pour la Ligue ni une diminution de prestige, ni
une diminution d'indépendance si elle consentait à soumettre ses
statuts ainsi amendés à la Conférence internationale unique et
suprême et si cette Conférence décidait de les approuver d'une manière définitive. A partir de ce moment, ses statuts resteraient
intangibles, tout au moins pour la Conférence, en ce sens que si
des évènements qu'il m'est impossible de prévoir en ce moment
montraient que les statuts de l'une ou de l'autre institution ne lui
permettent pas de prendre les mesures nécessaires que comman-
derait tel ou tel évènement, il serait tout naturel de la part de la
Conférence d'appeler l'attention de l'institution intéressée et de
lui dire : il serait bon de modifier vos statuts dans tel ou tel sens
pour répondre à tel ou tel besoin. Voilà je crois le sens qu'il faut
attacher au texte transactionnel qui vous est soumis. Je crois que
d'autre part les partisans du projet de la minorité, dont j'étais moi-
même, pourraient aussi avoir certains apaisements, en ce sens

que ce serait la conférence internationale unique qui donnerait
elle-même aux statuts de la Ligue et du Comité ce caractère intangible auquel j'ai fait allusion tout à l'heure. Dans ces conditions,
il semble vraiment, en y réfléchissant, que si de part et d'autre on
veut faire un dernier effort de conciliation et assurer à la future
Croix-Rouge internationale un avenir de paix et d'harmonie, le
moment est venu de faire ce dernier pas et je vous invite à le
faire avec toute l'ardeur de mon cœur.

LE PRESIDENT. — Puis-je demander que l'amendement proposé soit lu une fois de plus pour qu'on comprenne bien les débats.

M. THIEBAUT (France) lit de nouveau l'amendement.

LE PRESIDENT. — Lorsque les statuts seront soumis pour une
première approbation, la Conférence pourra-t-elle faire des recommandations ?

M. GEOFFRAY (France). — Seulement des recommandations,
pas de changement.

Lady NOVAR (Australie). — Devons-nous comprendre, d'après
cet amendement que lorsque la Conférence aura ratifié les statuts,
la Ligue n'aura pas le pouvoir de changer les siens sans la permission de la Conférence ?

M. GEOFFRAY (France). — Elle devra communiquer ses modifications à la Conférence et obtenir le consentement, ou tout au
moins l'approbation de celle-ci.

Sir CLAUDE HILL (Afrique du Sud). — Jusqu'à quel point nous
est-il possible d'engager le Comité international à se soumettre à
cette règle.

M. GEOFFRAY (France). — Nous avons des raisons de croire
que le Comité international consentira à soumettre ses statuts à
la Conférence.

Sir CLAUDE HILL (Afrique du Sud). — Ce n'est pas seulement
cela, et ce que je veux dire c'est : avons-nous le droit de légiférer
en présumant que le Comité international agira dans un certain
sens et d'inclure ici des textes définitifs basés sur cette présomption.

M. GEOFFRAY (France). — Toutes ces questions doivent être
évidemment règlées en définitive avec le concours du C. I. Nous,
nous posons des règles qui ont pour objet les relations de la Ligue
avec le C. I. pour établir une sorte de fusion, qui n'est pas véritable-

ment une fusion, mais un lien entre ces deux organismes. Il est
certain que nous ne pourrons être définitivement fixés que lorsque
des deux côtés on aura donné un assentiment.

M. THIEBAUT (France). — Nous entrons maintenant dans les
questions de détails. Si mes souvenirs sont bons, il me semble qu'il
a été dit à Berne que si le Conseil des Gouverneurs se ralliait aux
résolutions de Berne, une Conférence internationale qui comprendrait bien entendu la Ligue et le C. I. C. R. se réunirait pour établir les statuts de cette Conférence. Il me semble par conséquent
que c'est à ce moment-là que devrait venir la discussion des points
de détail que nous abordons aujourd'hui. Je crois qu'ils sont peut-être d'un intérêt secondaire. Pour le moment, il s'agit d'adopter
certains principes ; on pourrait laisser de côté les détails à cette
Conférence qui devrait être convoquée, si le Conseil adopte, dans
leurs traits essentiels, les résolutions de Berne.

M. HAMMARSKJÖLD (Suède). — Je pense que la discussion
sera peut-être simplifiée et abrégée si je déclare tout de suite que
l'amendement proposé par la Croix-Rouge française et qui est
venu comme une complète surprise pour moi, ne me permettra pas
d'adhérer au rapport de la majorité. Mes motifs sont les suivants :
Je crois que dans la pratique cet amendement n'aboutirait qu'à
faire de la Conférence un instrument d'enregistrement des décisions du Comité et de la Ligue. Je ne pense pas que ce résultat soit
propre à favoriser l'unité dans le sein de la Croix-Rouge et je me
demande même s'il est absolument compatible avec la dignité de
la Conférence unifiée. En ce qui concerne l'espoir qui a été exprimé
au sujet de l'attitude du C. I. à l'égard du rapport de la majorité,
amendé ainsi que le propose la Croix-Rouge française, je confesse
que je ne sais rien au sujet de l'attitude du C. I. si ce n'est ce qui
se trouve dans le compte-rendu de la Conférence de Berne. Or, dans
ce compte-rendu, je lis ceci : « Le Comité est disposé à être incorporé en une assemblée d'union générale des Croix-Rouges, c'est-à-dire dans une organisation universelle, à la condition que cela contribuera à réaliser l'*Union*. Eh bien, tel que j'interprète le rapport
de la majorité, vous le savez d'après les explications que j'ai fournies ce matin, il est très loin de réaliser l'Union. J'estime, par conséquent, qu'il serait prématuré d'escompter dès maintenant une
adhésion du C. I. au rapport de la majorité, amendé ainsi que le
propose la C. R. française. Je crois d'ailleurs que nous sommes en
train de faire une espèce de jeu de tennis. La Conférence spéciale
réunie à Berne en novembre a abouti à des résolutions adoptées

par 24 sociétés nationales, avec le concours du C. I. Ces résolutions ont, selon leur propre teneur, été soumises lors du Conseil des Gouverneurs aux Sociétés nationales qui étaient absentes à Berne, pour être approuvées ou rejetées. Si maintenant les Sociétés font de nouvelles propositions, il est clair que cela devra aller de nouveau devant une Conférence et si la Conférence n'accepte pas cela, il faudra recommencer le jeu et renvoyer la balle au Conseil des Gouverneurs. C'en est trop. J'ai donc expliqué brièvement les motifs pour lesquels il m'est impossible de me rallier au rapport de la majorité dans sa forme primitive, pas plus qu'à celui amendé de la manière que propose la C. R. française.

M. ATHANASAKI (Grèce). — Je vois que le principal point sur lequel existe le désaccord est celui qui concerne les pouvoirs que l'on doit accorder à la Conférence internationale. Ces pouvoirs, tels qu'ils ont été définis par la minorité, sont une simple question théorique, car en somme, comment voulez-vous que la Conférence exerce ses pouvoirs et qu'elle modifie les statuts soit d'une institution, soit de l'autre ? Quelle en sera la sanction ? Permettez-moi de citer un exemple que nous avons devant les yeux : la Société des Nations. Nous l'avons vu appliquer un verdict lorsque cela était possible, nous ne l'avons pas vu l'appliquer lorsque cela était impossible. N'allons pas inscrire dans nos statuts une disposition qui ne peut-être applicable. Bornons-nous à inscrire une recommandation qui sera prise en considération, soit par une institution, soit par l'autre. En ce qui concerne la modification des statuts, j'irai même plus loin et j'accepterais une partie de l'amendement proposé par S. E. M. Geoffray. Mais pour ce qui concerne l'avenir, devra-t-on obtenir l'approbation de la Conférence chaque fois qu'il y aura une modification quelconque à apporter ?

M. GEOFFRAY (France). — Ce n'était pas mon intention.

M. ATHANASAKI (Grèce). — Bien. Mais pour ce qui est du C. I. C. R. nous ne connaissons pas ses dispositions. L'assemblée constitutive ne pourra être réunie que lorsque tout le monde sera d'accord. Si nous sommes d'accord sur ce pacte, la première approbation des statuts ne sera qu'une simple formalité. Je ne crois pas que cela pourra nuire aux uns ou aux autres. Voyons ce qu'il adviendra si nous n'arrivons pas à un accord. Nous avons la bonne foi, le désir d'améliorer la Croix-Rouge. Elle existe déjà, et les deux institutions fonctionnent et rendent des services considérables. Il est certain que tout le monde reconnaît que les mesures que l'on propose constituent une amélioration sensible. Pourquoi ne nous contenterions-nous pas de cette amélioration que nous pouvons développer plus tard, plutôt que de risquer de faire une brèche à la Croix-Rouge et de diminuer son autorité morale. Avons-nous moralement le droit de le faire ? Je me le demande. La Croix-Rouge est une question solidaire à toutes les nations ; elle apporte des services énormes à l'humanité. Avons-nous le droit de la détruire ? Je le demande à ma conscience et je trouve que c'est impossible de porter atteinte à cette autorité morale. Je prie donc instamment tous ceux qui ont des idées contraires de bien réfléchir s'il ne vaut pas mieux se contenter de ce que nous pouvons obtenir aujourd'hui. Si nous franchissons cette première étape, je suis sûr que lorsque le C. I. et la Ligue sauront qu'ils peuvent fonctionner sans friction, chacun dans le domaine de leurs activités et que personne ne pourra toucher à leurs statuts, à leur organisation, toute mésentente sera écartée et il n'y aura plus de froissements ; ils marcheront la main dans la main. Que chacun examine sa conscience.

LE PRESIDENT. — Je désire faire quelques observations, non en ma qualité de Président, mais comme représentant de la Croix-Rouge américaine. On aurait peut-être dû dire que la sous-commission a travaillé toute la journée d'hier et la plus grande partie de la matinée d'aujourd'hui dans les meilleurs sentiments d'harmonie et avec le plus grand désir d'arriver à une entente. La proposition originale que j'ai soumise a été amendée par le Prof. Nolf en deux points importants : la Conférence internationale unifiée a acquis les pouvoirs délibératifs et nous nous sommes accordés, après quelques discussions sur la phrase suivante : « Sans pouvoir prendre aucune décision relative à l'organisation ou aux statuts du Comité international ou de la Ligue des Sociétés de la Croix-Rouge » et aussi sur la clause qui prévoit que pendant les sessions du Conseil des Gouverneurs qui ne coïncident pas avec la Conférence internationale, on s'abstiendra « de prendre des décisions sur aucun objet étranger au programme de la Ligue des Sociétés de la Croix-Rouge. » Il ne me semble pas que la proposition française soit incompatible avec l'amendement du Professeur Nolf, telle qu'elle a été expliquée par M. Geoffray et M. Thiébaut. Le texte ne m'a pas paru absolument clair. Se propose-t-on de présenter les statuts de la Ligue à la Conférence internationale et de recevoir toutes suggestions ou recommandations que la Conférence voudra bien faire ou, si elle n'a rien à dire, s'agit-il d'une simple approbation formelle donnée par la Conférence internationale ? S'il en est ainsi je ne vois pas qu'il puisse y avoir de grosses objections puisque, pour autant qu'il s'agit de la Croix-Rouge, la Conférence, telle qu'elle sera désormais constituée, sera formée tout d'abord du Conseil des Gouverneurs, en tant que représentatif des Croix-Rouges, si bien que je ne vois pas en quoi cet amendement, lorsqu'il sera clarifié, puisse être en quoi que ce soit incompatible avec les clauses que nous proposons.

Quant à la question de Sir Claude Hill, il est évident que nous ne pouvons pas lier le Comité international. Personne n'a cette pensée. Nous avons essayé consciencieusement de trouver une solution qui serait acceptable, non seulement à nos amis scandinaves, mais au Comité international. C'est à eux de dire si nous avons réussi. Mais je veux attirer votre attention sur ceci : lorsque le Conseil des Gouverneurs aura pris une décision, nous devrions présenter celle-ci au Comité international, soit par l'intermédiaire d'un Comité, soit par une communication formelle et, de toute manière, sous la forme la plus respectueuse.

Si le Comité international informe la Ligue que cette solution lui paraît acceptable, les fonctionnaires du Secrétariat seront priés d'agir en conformité avec ces propositions jusqu'à la prochaine réunion du Conseil des Gouverneurs et ils se chargeront en même temps des arrangements de la Conférence internationale qui constituera la première conférence unifiée, au sein de laquelle toute la question pourra être traitée adéquatement. J'espère qu'aucun ami du Comité international ne pensera que nous essayons de légiférer pour lui. Nous savons qu'il s'intéresse profondément à tout ce que nous faisons ; nous donnons la plus grande attention à cette question et lorsque nous aurons terminé nos travaux, c'est à lui qu'il appartiendra de dire, quand il le voudra et comme il le voudra, si ce que nous avons fait lui semble acceptable.

Encore un mot. La considération principale qui a influencé la majorité est celle-ci : il faut mettre un terme à la controverse ou aux négociations (appelez-les comme vous voudrez) et nous pensons que le rapport de la majorité est aussi équitable, aussi large et aussi libéral que nous pouvons le proposer. Nous ne pouvons penser à aucune autre concession qui n'entraînerait pas l'intégrité de la Ligue, et à cela, bien entendu, nous ne pouvons songer, car le monde considère aujourd'hui la Ligue des Sociétés de la Croix-Rouge comme une institution de grande valeur dont il ne peut volontiers se passer. Beaucoup d'entre nous ont le sens profond de cette valeur et nous considérons la Ligue comme le porte-parole des Sociétés nationales de la Croix-Rouge qui ont le droit de s'ex-

primer franchement et d'avoir l'occasion la plus libre de coopérer
entre elles et de se rendre mutuellement service.

Comme le disait notre grand Lincoln « la bonté pour tous, la
justice pour tous » ; avec une conscience réfléchie de nos propres
devoirs, nous avons l'honneur de vous présenter ce rapport.

(Applaudissements.)

M. CONILL (Cuba). — Je me permets de faire une remarque.
Afin de faciliter une décision, M. Geoffray ne serait-il pas disposé
à faire sa proposition quand la Conférence internationale sera
appelée par le C. I. C. R. et la Ligue.

PROFESSEUR NOLF (Belgique). — Dans un but de simplification et comme preuve nouvelle de leur grand désir d'union, les
représentants de la Croix-Rouge française consentent à réduire
leur amendement à ce qu'il a de véritablement essentiel, et j'ai le
plaisir de vous annoncer que cet amendement ainsi conçu est
également accepté par le Président du Conseil des Gouverneurs.

Le voici :

« Toutefois les Statuts du C.I.C.R. et de la Ligue seront soumis
à la Conférence internationale pour examen et enregistrement. »

Je demande que ce texte soit mis aux voix s'il ne peut être
adopté à l'unanimité, il doit y avoir au moins une importante majorité.

LE PRESIDENT. — Si j'ai compris votre motion, vous désirez
que ce texte soit ajouté au rapport de majorité et que le rapport de
majorité, avec cette addition, soit adopté.

Le Conseil est-il prêt à voter ?

SIR FREDERICK WHYTE (Indes). — Puis-je poser une question ? Que signifie dans l'esprit du professeur Nolf le mot « examen ». Nous connaissons le procédé par lequel des puissances con-
tractantes enregistrent leurs traités auprès de la Société des Nations. Il s'agit ici de quelque chose de plus, c'est-à-dire de *l'examen.*

LE PROFESSEUR NOLF (Belgique). — Je crois devoir faire
observer que cette question serait plus utilement posée à Messieurs
les délégués de la Croix-Rouge française qui sont les auteurs de
cet amendement.

M. THIEBAUT (France). — La délégation française a compris,
d'après ce que notre honorable Président a dit lui-même tout à
l'heure, que la Croix-Rouge américaine était disposée à se rallier

à cette proposition transactionnelle, étant entendu que lorsque les statuts auront été amendés pour les mettre d'accord avec les transactions qui se poursuivent ici, ils seront soumis à la Conférence internationale qui aura le droit de faire une observation et de leur demander de modifier tel ou tel point qui ne paraîtrait pas suffisamment clair, suffisamment précis ou répondant d'une manière insuffisante à l'unité que nous cherchons. C'est je crois à peu près dans les mêmes termes que notre honorable Président s'est exprimé et c'est pour y donner satisfaction que le mot « examen » paraît avoir été introduit dans le texte.

M. GEOFFRAY (France). — Je crois qu'il n'y a aucune espèce de comparaison entre ce qui se passe à la Société des Nations et à la Ligue. S'il s'agit de traités qui ont été examinés, discutés, votés, la Société des Nations n'a pas à les examiner. Tandis que dans l'espèce il y a évidemment une communication et par conséquent un examen. Il faut en un mot que la Conférence examine le texte de ces statuts ; et c'est tout à fait différent de ce qui se passe à la S. D. N.

M. KAWAI (Japon). — Je veux rendre hommage aux membres de la sous-commission qui ont travaillé si assidûment dans notre intérêt commun. Leurs rapports ne sont pas unanimes, mais j'espère qu'à cette session nous pourrons arriver tout de même à une unanimité. La délégation française a fait des efforts pour arriver à cette unanimité. J'ai eu comme instructions de ma Société de voter pour un projet qui aura le vote unanime. Il me semble que la très grande majorité, si ce n'est pas l'unanimité absolue, est en train de se rallier à la proposition de la majorité avec l'amendement de la délégation française. Il est vrai que, comme l'honorable délégué Sir Frederick Whyte l'a dit, il y a certaines difficultés d'interprétation du mot « examen » ou « étude », mais si cet examen ou cette étude sont faits dans un esprit qui anime toujours le monde Croix-Rouge, on pourra venir à bout des difficultés. C'est dans cet espoir que je rallie à la proposition de la majorité.

GENERAL MANNERHEIM (Finlande). — La Croix-Rouge de Finlande que je représente ici estime que la résolution prise par la Commission ne donne pas la garantie nécessaire pour mettre fin au dualisme existant dans la Croix-Rouge, et j'ai le regret de dire que j'estime que l'amendement proposé par la Croix-Rouge française n'ajoute, à mon avis, rien à cette garantie.

M. ATHANASAKI (Grèce). — Pour qu'il n'y ait pas de malentendu à l'avenir, je propose que l'on ajoute soumis à la « première » Conférence internationale, afin qu'il n'y ait pas de double instance dans l'approbation des statuts.

SIR CLAUDE HILL (Afrique du Sud). — Il me semble que les Statuts peuvent être présentés la première fois ; tout autre amendement doit être soumis de la même façon.

M. GEOFFRAY (France). — Evidemment.

LE PRESIDENT. — Etes-vous prêt à voter ?

(*L'amendement est lu une fois de plus en français et en anglais*).

LE PRESIDENT. — Etes-vous prêt pour l'appel nominal ? Le Secrétaire va appeler les noms. Nous votons en ce moment sur le rapport de majorité dans son entier avec l'amendement de la Délégation française.

M. HAMMARSKJÖLD (Suède). — Votons-nous conformément à l'article 5 ou 8 des statuts de la Ligue ? L'article 5 dit :

« Tout vote adopté à la majorité des voix est décisif, sauf dans le cas prévu à l'article 8 des présents statuts. »

LE PRESIDENT. — Le Bureau estime que bien qu'au point de vue technique il ne s'agisse pas d'un amendement aux statuts, on peut considérer que conditionnellement il s'agit d'un vote analogue et il est nécessaire, par conséquent, d'obtenir une majorité des deux tiers tel qu'il est prévu dans l'article 8.

Vous votez maintenant sur le rapport de majorité avec addition après l'article 1 du texte de la délégation française.

Le Secrétaire procède à l'appel nominal.

COMTE de MIMBELA (Pérou), au moment de son vote fait une réserve. Il estime que le Conseil n'est pas qualifié pour fixer d'avance la procédure de la Conférence ou lui donner des mandats.

Les sociétés nationales des pays suivants qui sont au nombre de 39 ont voté oui :

Allemagne, Argentine, Australie, Belgique, Bolivie, Brésil, Canada *, Chili, Chine, Colombie, Costa-Rica, Cuba, Equateur, Espagne, Etats-Unis, Esthonie, France, Grande-Bretagne, Grèce, Hongrie *, Indes, Islande, Italie, Japon, Lettonie, Luxembourg, Mexique, Nouvelle-Zélande, Panama, Pérou, Pologne, Portugal *, Roumanie *, Salvador, Royaume des Serbes, Croates et Slovènes, Siam, Tchécoslovaquie, Union Sud-Africaine, Uruguay.

____

(*) Les pays marqués de ce signe ont voté par procuration.

Les sociétés nationales des pays suivants, au nombre de 7 ont voté non :

Danemark, Finlande, Indes Néerlandaises*, Norvège, Pays-Bas, Suède et Suisse.

Etaient absents au moment du vote, les représentants des Croix-Rouges des pays suivants :

Albanie (1), Bulgarie (2), Guatemala, Lithuanie, Paraguay (3).

---

* Par procuration.

(1) Lettre adressée à la Ligue par le Chargé d'Affaires de l'Albanie à Paris.

Légation de la République albanaise.　　　　　Paris, le 19 mai, 1927.

Monsieur le Secrétaire Général,

J'ai l'honneur d'accuser, avec mes meilleurs remerciements, réception de la courtoise communication du 13 courant, ainsi que du texte des résolutions adoptées par le Conseil des Gouverneurs de la Ligue dans sa séance du 4-7 mai 1927.

Ma présence à Genève en qualité de délégué auprès de la Conférence Économique Internationale et les instructions qui ne sont pas parvenues à temps, m'ont empêché malheureusement de prendre part à la session du Conseil des Gouverneurs.

Les résolutions adoptées dans cette réunion étant presque conformes au point de vue de la Croix-Rouge albanaise pour ce qui concerne l'organisation internationale de la Croix-Rouge, je n'ai par conséquent aucune objection à formuler et j'approuve tout à fait la résolution prise à cet effet.

Je vous saurais gré de bien vouloir faire figurer au procès-verbal la présente lettre par laquelle je m'estime très heureux de vous faire savoir que je me rallie au nom de la Croix-Rouge albanaise.

Veuillez agréer, etc...

Le Chargé d'Affaires d'Albanie,

M. LIBOHOVA.

(2) Lettre adressée à la Ligue par le Ministre de Bulgarie à Paris.

Légation de Bulgarie.　　　　　Paris, 23 mai 1927.

Monsieur le Secrétaire Général,

J'ai l'honneur de vous faire connaître, conformément aux instructions que je viens de recevoir de M. le Dr. Daneff, que la Société bulgare de la Croix-Rouge approuve le texte des résolutions votées à la réunion du Conseil des Gouverneurs de la Ligue sur la question de l'organisation internationale de la Croix-Rouge et que, par conséquent, la Bulgarie doit figurer parmi les pays qui ont voté pour ces résolutions.

Veuillez agréer, etc...

MORFOFF,

Ministre de Bulgarie à Paris.

Les pays suivants n'étaient pas représentés :
Autriche, Dantzig et Venezuela.

LE PRESIDENT. — Le rapport est adopté.

Je propose que nous adoptions une résolution concernant la présentation d'une copie de ces résolutions au Comité International de Genève et prévoyant également que si le Comité international informe la Ligue que cette solution lui paraît acceptable, les fonctionnaires du Secrétariat seront priés d'agir en conformité avec ces propositions jusqu'à la prochaine réunion du Conseil des Gouverneurs, époque à laquelle les statuts seront amendés comme il convient.

Que désirez-vous qu'il soit fait à cet égard ?

M. HAMMARSKJÖLD (Suède). — J'ai une déclaration à faire au sujet du vote.

LE PRESIDENT : Permettez-moi d'abord de terminer cette question, puis vous pourrez faire votre déclaration. La proposition est « que le Conseil présente ses résolutions au Comité international. Si le Comité international informe la Ligue que cette solution lui paraît acceptable, les fonctionnaires du Secrétariat seront priés d'agir en conformité avec ces propositions jusqu'à la prochaine réunion du Conseil des Gouverneurs, époque à laquelle les statuts seront amendés comme il convient. »

La proposition qui vient d'être lue est complétée par l'autorisation donnée aux fonctionnaires de la Ligue de faire les arrangements nécessaires — si, bien entendu, le Comité international accepte — pour la convocation d'une Conférence internationale au moment opportun. Y a-t-il des objections ? Dans le cas contraire il en est ainsi décidé.

M. GEOFFRAY (France). — Quand pourrait-on réunir la Conférence ?

---

(3) Lettre adressée à la Ligue par le Chargé d'Affaires de Paraguay à Paris.

Légation du Paraguay en France.   Paris, le 28 mai 1927.
  Monsieur,

En réponse à votre lettre du 19 mai 1927, je tiens à vous faire savoir, que n'ayant pu assister aux votes des diverses résolutions prises par le Conseil des Gouverneurs, je vous prie de me condisérer comme souscrivant entièrement et favorablement aux dites résolutions.

Veuillez croire etc...

R. Caballero,
Chargé d'Affaires du Paraguay.

LE PRESIDENT. — Ce ne pourrait être qu'après la réunion du Conseil des Gouverneurs. Nous ne pouvons rien faire avant que le Comité international nous informe de sa décision. A ce moment-là je pense que nous pourrons agir avec promptitude. Comment devrons-nous présenter les résolutions au Comité international. Doit-on nommer un Comité ?

SENATEUR CIRAOLO (Italie). — On pourrait communiquer les résolutions en priant notre Président de bien vouloir nommer un petit Comité qui se mettrait à la disposition du Comité international et qui prendrait avec lui les arrangements nécessaires à cette mise au point.

LE PRESIDENT. — Désirez-vous nommer un Comité n'excédant pas 3 membres ?

LE SENATEUR CIRAOLO (Italie). — Le Président devrait être chargé de le désigner.

LE PESIDENT. — Si telle est votre intention, j'ai l'honneur de désigner le professeur Nolf, le sénateur Ciraolo et le colonel Draudt.

(Il en est ainsi décidé.)

M. HAMMARSKJÖLD (Suède). — Le vote que j'ai émis tout à l'heure vous a déjà informés que la Croix-Rouge suédoise que j'ai l'honneur de représenter ici ne considère pas comme satisfaisante la solution à laquelle on vient d'arriver. En résumé, la raison pour laquelle nous ne la considérons pas comme satisfaisante, c'est qu'elle ne réalise pas cette union que nous considérons comme la condition *sine qua non* pour la réalisation de la paix dans le monde international de la Croix-Rouge. Personne ne pourra nous reprocher de n'avoir pas dépensé nos meilleurs efforts, depuis l'année 1923, pour arriver à réaliser cette union et cette paix, d'une manière internationale, entre toutes les Sociétés nationales.

Nous sommes maintenant arrivés à un point où nous devons avouer que nos efforts se sont heurtés à un échec. Mais en vertu des efforts que nous avons faits internationalement, nous considérons que le moment est venu où nous pouvons proclamer comme un droit qui nous revient, de réaliser, en ce qui nous concerne, la paix que nous n'avons pas pu réaliser internationalement. Nous avons l'intention de ce faire en nous prévalant d'une disposition des statuts mêmes de la Ligue aux termes de laquelle tout membre de la Ligue a le droit de se retirer, moyennant une communication à cet effet faite au Conseil des Gouverneurs. J'aurai, par conséquent l'honneur, dans un bref délai, d'adresser à votre Président une lettre lui demandant de bien vouloir communiquer la résolution de la Croix-Rouge suédoise de se retirer de la Ligue.

Cette décision n'a en soi rien d'étonnant. Lorsque la Ligue fut créée en 1919, il était entendu qu'elle était une organisation purement transitoire, et je suis chargé de dire que si la Croix-Rouge suédoise a alors adhéré à la Ligue, c'est grâce à cette entente et uniquement grâce à cette entente. Je désire ajouter que nous n'avons pas la moindre illusion en ce qui concerne l'importance du pas que nous allons prendre. Nous nous rendons parfaitement compte de notre propre situation, nous savons fort bien que la mesure que j'ai indiquée ne nuira pas au travail de la Croix-Rouge en général et qu'elle ne produira aucun effet sensationnel. Cela suffit d'ailleurs à prouver que nous n'avons nullement l'intention, en faisant ce que nous faisons, de nuire au travail de Croix-Rouge, ni d'exercer une pression quelconque, dans une direction quelconque, sur ses travaux ou sur la direction dans laquelle ils sont menés. Bien au contraire, je suis autorisé à exprimer ici les meilleurs vœux pour les futurs travaux, tant de la Ligue que du Comité international et de la Croix-Rouge en général, et je suis même autorisé à déclarer que, si à un moment plus ou moins rapproché ou plus ou moins éloigné, on arrive à réaliser une unité dans le monde international de la Croix-Rouge qui nous satisfasse, qui nous convainque qu'elle suffira à réaliser la paix dans le monde, pour laquelle nous avons tant travaillé, nous sommes tout disposés à envisager la possibilité de nous joindre de nouveau à la Ligue. J'ai dit.

M. COLD (Danemark). — J'ai collaboré à l'œuvre de la Ligue depuis 1923 et je n'ai donc pas besoin de faire une longue déclaration aujourd'hui. Je me rallie à tout ce que M. Hammarskjöld a dit et je désire même le remercier de la manière remarquable dont il a exprimé mes propres sentiments. La Croix-Rouge danoise est obligée de prendre les mêmes mesures que la Croix-Rouge suédoise et de se retirer de la Ligue. Je saisis cette occasion pour remercier le Président de tout ce que la Ligue a fait pour nous et pour tout le temps qu'elle a consacré à nos intérêts. Puis-je conclure en exprimant mes meilleurs vœux pour le bien de la Ligue.

M. STEFFENS (Norvège). — Je dois me rallier au point de vue exprimé par M. Hammarskjöld et je suis chargé d'en accepter les conséquences, cela veut dire que la Croix-Rouge norvégienne se voit dans l'obligation de se retirer de la Ligue. C'est à son grand regret qu'elle doit prendre une décision aussi grave, malgré tous

les services considérables que celle-ci a rendus à notre Société et
malgré l'excellente collaboration qui a existé entre elle et le Secrétariat de la Ligue. Je tiens à souligner que cette mesure est dictée
exclusivement par des motifs d'ordre organique.Tout en exprimant
la reconnaissance de la Croix-Rouge norvégienne envers le Secrétariat, j'ose espérer qu'il leur sera permis d'entretenir quand même
de bonnes relations ; je pense tout spécialement au travail de l'hygiène dans la marine marchande commencé par la Croix-Rouge
norvégienne. Permettez-moi, Monsieur le Président, d'exprimer
mon espoir le plus ferme que l'unité et l'harmonie dans la Croix-
Rouge internationale seront rétablies dans un avenir pas trop
éloigné.

COLONEL BOHNY (Suisse). — Je suis certainement un des
très peu nombreux membres de cette assemblée qui appartiennent
à la Ligue depuis son début. J'ai eu l'honneur d'être parmi ceux
qui, avec M. Davison, ont assisté aux premiers pourparlers entre
le Comité international et la Ligue. Je me rappelle toujours de ce
temps et je vous dis franchement que nous n'avions pas trouvé
en Suisse très nécessaire de créer une nouvelle organisation. Nous
trouvions que la Croix-Rouge travaillait assez bien seule. Nous
n'étions pas très enchantés à l'idée d'une nouvelle organisation,
mais on nous a dit et assuré que c'était nécessaire que la Suisse, —
le berceau de la Croix-Rouge, — appartienne à la Ligue, et j'ai
accepté cette manière de voir. Dans cette même salle où nous avons
tenu notre Conférence spéciale, au Palais fédéral, nous avons tenu
une séance extraordinaire pour discuter la question de la Ligue.
J'étais très malade à ce moment-là et on me croyait même mourant.
Je tenais à assister à cette assemblée pour défendre la cause de la
Ligue et c'est contre une très grande opposition que j'ai obtenu une
majorité. Depuis que j'ai appartenu à la Ligue, je n'ai eu qu'à me
louer des rapports que j'ai eus, soit avec le Secrétariat, soit avec
les directeurs qui ont en partie disparus. Mais nous avons toujours
trouvé chez nous qu'il y avait un peu trop de surorganisation et
c'est à cause de cela que nous avons consenti à cette Conférence
spéciale de Berne. C'est avec grand regret que j'ai accepté d'organiser cette Conférence, car je savais qu'il y aurait de l'opposition,
mais nous avons cru que c'était notre devoir parce que la XIIᵉ Conférence nous en avait donné le mandat.

Les débats ont été conduits dans un sens extrêmement conci-
liant. Je dois seulement demander à S. E. M. Thiébaut de se rappeler comment nous avons travaillé pour arriver à une solution et

nous étions persuadés que nous avions trouvé une solution qui
était pour la Ligue très facile à accepter. Ce n'était pas le cas. La
Ligue n'était malheureusement pas représentée à cette Conférence
et « les absents ont toujours tort ». On a fait toutes les concessions
nécessaires. Aujourd'hui comme président de la Conférence, j'avais
un peu le mandat de défendre les résolutions. Ces résolutions
étaient acceptées par 25 messieurs qui étaient tous gouverneurs ou
représentant des Sociétés qui fournissent un Gouverneur, et de ces
25 qui avaient promis de me soutenir, il n'y en a plus que 7 ; cela
a beaucoup diminué, de sorte que nous avons perdu courage... Vous
voyez que dans les résolutions de Berne on parle d'une nouvelle
conférence convoquée cette fois avec la Ligue et le C.I.C.R., organisée de nouveau par la Société nationale suisse et je dois vous dire
que je ne dois pas accepter cela car nous ne croyons pas que l'on
pourrait arriver à une solution qui donne satisfaction. Mais appartenant à un pays démocratique, bien qu'étant le chef de la Croix-
Rouge suisse, je ne peux pas parler en son nom et je me sens
forcé à la prochaine assemblée générale de remettre à l'ordre du
jour la question du maintien de notre présence à la Ligue. Nous
sommes un peu froissés et un peu irrités en Suisse et on a déjà dit
plusieurs fois qu'on ne doit pas froisser le monde ; il ne faut pas
froisser les uns ou les autres. C'est mon devoir de parler dans ce
sens à notre Société nationale et nous verrons ce qu'elle décidera.

GENERAL MANNERHEIM (Finlande). — Pendant ces dernières années la Croix-Rouge finlandaise a été de plus en plus con-
vaincue et pénétrée de la nécessité d'arriver à cette union organique dont il était parlé dans la déclaration faite par la Ligue
au moment de sa formation. La C. R. finlandaise a collaboré avec
les Croix-Rouge scandinaves pour arriver à cette Union. Les discussions ici, et surtout la résolution adoptée par la majorité du Conseil
des Gouverneurs, a souligné une grande différence de conception
entre celle qui est supportée par la majorité et celle qui est suppor-
té par la minorité. Dans ces conditions, la Croix-Rouge finlandaise
estime qu'elle ne peut pas non plus continuer à travailler dans le
Conseil des Gouverneurs. La Croix-Rouge finlandaise garde un
souvenir reconnaissant de la collaboration qu'elle a eu le plaisir
d'avoir avec les services techniques de la Ligue, avec son personnel,
et elle saisit cette occasion pour rendre hommage à la belle activité de la Ligue, à son vénéré Président et pour remercier le personnel du Secrétariat de tous les services qu'il a rendus à la Croix-
Rouge finlandaise et je prie Monsieur le Président de me permettre

d'exprimer des vœux pour l'avenir de la Ligue et pour son activité.

LE PRESIDENT.— Je suis sûr d'exprimer le sentiment de tous
en disant notre profond regret des intentions exprimées par les
représentants des pays scandinaves et de la Suisse. Je conserve
l'espoir le plus ardent qu'après mûre réflexion ils renonceront à
prendre une décision aussi extrême. Le malheur de l'humanité
vient de ce que, depuis son début, les gens ont des points de vue
différents.

Il est impossible que nous soyons tous du même avis. Mais permettez-moi de dire que si la Ligue doit conserver son intégrité, il
n'est pas possible d'avoir une Croix-Rouge unifiée. Espérons que
nous réfléchirons tous profondément et que nous arriverons à conclure que la Croix-Rouge est après tout plus élevée et meilleure
qu'aucune des opinions que nous pouvons avoir concernant son
organisation ; qu'elle sert au bien-être de l'humanité et que ceux
qui s'en occupent activement, quelles que soient leurs erreurs, font
cependant de leur mieux pour servir la cause. Il se peut, bien
entendu, que nous nous trompions complètement dans nos convictions en ce qui concerne la forme de son organisation essentielle,
mais je sais du moins que les 5 représentants qui viennent de parler savent que nous avons exprimé nos convictions les plus intimes
et agi avec le plus sincère désir d'harmonie.

Le droit que chaque Société nationale a de se retirer n'est pas en
question et comme je l'ai dit une fois dans une lettre, aucun membre ou société n'a le droit de critiquer en quoi que ce soit une
pareille décision. Les Sociétés sont aussi libres de se retirer de la
Ligue que d'y entrer ; c'est une question qui les concerne seules.
Nous avons vu que les Sociétés scandinaves ont beaucoup servi
la Ligue. Je n'ai jamais eu l'occasion de le dire, mais à la Conférence de Washington, une ou plusieurs d'entre elles étaient représentées, de même à Tokio. Elles ont travaillé en Bulgarie ; pourquoi nous séparer. Mais je n'en dirai pas plus. Je me lève pour
exprimer l'espoir profond de chaque membre du Conseil qu'après
une réflexion sérieuse les membres scandinaves concluront qu'ils
ne doivent pas se retirer ; mais s'ils se retirent, eh bien, la porte est
toujours ouverte pour qu'ils puissent entrer de nouveau quand ils
voudront. (*Applaudissements.*)

Il est 6 heures. Désirez-vous continuer la séance ou ajourner.

(*L'ajournement est décidé*).

COMTE de MIMBELA (Pérou). — Avant de lever la séance, je
je me permets, sur l'initiative du délégué du Mexique et du Salvador, de nous associer aux sentiments de profond regret que
vient d'exprimer notre Président au sujet de l'attitude adoptée par
nos collègues scandinaves. Mais notre vœu est que ces Messieurs
ne prennent pas une décision aussi immédiate et aussi désas-
treuse. Il faut réfléchir que cet accord va être transmis au Comité
international et que de cet accord peut surgir une entente. Il y aura
toujours des moyens de s'arranger et ces Messieurs pourront modifier leur attitude et continuer à collaborer avec nous.

La séance est levée à 18 h. 15.

QUATRIÉME SÉANCE PLÉNIÈRE
SAMEDI 7 MAI 1927,
10 HEURES

Présidence de l'Honorable John Barton Payne

LE PRESIDENT. — Le premier point qui nous est soumis ce matin est la proposition tendant à supprimer le poste de Directeur Général et à créer trois vice-présidences. Le Colonel Bicknell a fourni un rapport détaillé à ce sujet l'autre jour et vous avez devant vous les propositions concernant ce changement (*voir à la fin du volume l'annexe II*). Je demande à Sir Claude Hill de bien vouloir donner quelques explications.

SIR CLAUDE HILL (Afrique du Sud). — Je crois pouvoir donner des raisons en faveur de la proposition qui nous est faite, basées sur l'expérience des cinq années que j'ai passées à la Ligue.

Au début de la Ligue il était peut-être sage de concentrer la direction des affaires entre les mains d'une seule personne.

Certains d'entre vous se souviendront peut-être que l'idéal qui a servi d'impulsion à la création de la Ligue, par les cinq Sociétés fondatrices, était entièrement nouveau. Ces sociétés envisageaient une grande entreprise, une entreprise mondiale d'apaisement des souffrances qui peuvent survenir en temps de paix, comme en temps de guerre ; il a fallu une assez longue période pour trouver les meilleurs moyens d'atteindre cet objectif. Il a fallu deux ou trois années d'expérience, tant en ce qui concerne les méthodes que l'organisation. Pour ce qui est des méthodes, deux années à peu près se sont écoulées avant qu'un plan de campagne ait pu être élaboré et adopté, en 1922, par l'Assemblée Générale de la Ligue. Aussitôt ce plan adopté, il a été possible au Secrétariat d'organiser sa tâche. On peut dire aujourd'hui que la période d'expérience et d'organisation est passée et que nous nous trouvons en face d'une situation ferme et concrète. Il en résulte que vous possédez désormais un Secrétariat capable, nous l'espérons, de répondre aux problèmes des secours et des souffrances de l'humanité.

Je crois que dans la première période, les fondateurs de la Ligue ont eu raison de concentrer l'autorité entre les mains du Di-

recteur Général. Comme vous le savez, Messieurs, il y a déjà deux
ans que je me suis trouvé en position de suggérer que le titre de
Directeur n'était pas approprié; c'est un titre qui peut conduire
à des malentendus et, dans certains cas, il n'a pas été compris.
Certaines sociétés, peu familières avec l'œuvre du Secrétariat, ont
cru que le titre de Directeur Général signifiait un désir de direction des Sociétés nationales par le Secrétariat tandis que, bien
au contraire, le Directeur Général et son personnel se sont toujours considérés comme les serviteurs des Sociétés, comme les
serviteurs du Conseil des Gouverneurs.

Le titre de Directeur Général n'est pas seulement impropre,
mais ce n'est plus, aujourd'hui, une nécessité. De ma propre expérience, durant les deux dernières années, j'ai constaté qu'il était
possible de donner des directions nécessaires au Secrétariat, par
un système de contact périodique et de surveillance et les propositions qui vous sont soumises ont précisément pour but de
développer l'organisation dans ce sens. Ce que vous avez aujour-
d'hui n'est pas seulement un Secrétariat. Nous avons également
un Comité des Finances et un Comité exécutif qui, tous deux, sont
en contact périodique avec les services et sont en mesure de con-
trôler toute tendance, de la part du Secrétariat, qui sortirait si
peu que ce soit du cadre établi par le Conseil des Gouverneurs, si
bien que votre suggestion de nommer trois vice-présidents à la
place du Directeur, est précisément le système que je recomman-
derais moi-même, surtout si l'on se propose de demander à l'un
de ces vice-présidents de consacrer quelque temps à la direction
des affaires et à seconder le Secrétaire Général.

Pour ce qui concerne le temps nécessaire, je crois, d'après ma
propre expérience, que le vice-président devrait être capable de
venir à Paris pendant 3 ou 4 semaines, 3 ou 4 fois par an; cela
lui permettrait de rester en contact avec le Secrétaire Général,
avec le Comité des Finances et avec le Comité exécutif. De la
sorte, un contrôle identique à celui du Directeur Général subsis-
tera. Je crois que la présente réunion du Conseil est, sans exagé-
ration, la plus représentative des intérêts de la Croix-Rouge qu'il
y ait jamais eue dans l'Histoire et j'apprécie l'occasion qui m'a
été donnée de faire part de mon expérience personnelle à un moment où le mouvement de la Croix-Rouge va prendre un nouveau développement dans le monde entier·

Je voudrais ajouter, et j'espère que M. Bicknell m'appuiera
au nom du Secrétariat, combien nous avons pu apprécier la manière dont vous, Monsieur le Président, ainsi que les membres

du Conseil, vous nous avez soutenus et encouragés. Au début, étant donné l'absence de contact avec les Gouverneurs, il était quelquefois difficile de savoir si nous étions dans le droit chemin et nous avons fait des fautes. On ne nous les a jamais reprochées et on nous a toujours traités avec gnérosité, reconnaissant les difficultés qu'un grand mouvement aussi neuf rencontrait sur sa route. Nous vous remercions.

(Applaudissements)

LE PRESIDENT. — Y a-t-il d'autres remarques?

Général ROËLL (Hollande). — Comme on l'a déjà fait remarquer dans la sous-commission, il semble y avoir une erreur dans le texte français de l'amendement proposé, ce téxte dit :

« Le Conseil des Gouverneurs nommera un président choisi parmi ses membres et trois vice-présidents qui resteront en fonctions pour une période de deux ans, à partir de la date de leur élection. Ils sont rééligibles. »

Selon le texte anglais, les vice-présidents sont choisis parmi les membres du Conseil, ne devrait-on pas le mentionner dans le texte français.

LE PRESIDENT. — Oui, on devrait le dire dans le texte français.

Il est parfaitement entendu que le choix doit être fait parmi les membres du Conseil des Gouverneurs. Y a-t-il d'autres remarques?

Lady NOVAR (Australie). — Je suis préte à proposer l'adoption du rapport.

LE PRESIDENT. — Pas d'autres remarques? Il s'agit d'adopter un rapport proposant de créer trois postes de vice-président et de supprimer le poste de Directeur Général, de créer le poste de conseiller et d'amender les statuts en conformité avec ces décisions.

M. THIEBAUT (France). — Pourriez-vous autoriser un membre du Secrétariat à indiquer au Conseil quels sont les textes qui sont changés? Il est dit, par exemple, que l'article 5, paragraphe 3 sera modifié. En quoi exactement consistera ce changement?

LE SECRETAIRE. — Il s'agit de cette partie du texte de l'article 5 qui se trouve en haut de la page 7 de la copie française.

M. THIEBAUT (France). — Est-ce le seul amendement à l'article 5? Il semble n'y avoir aucun amendement au chapitre intitulé : « Assemblée générale ».

LE PRESIDENT. — Ceci ne concerne pas la question que nous discutons. Nous parlons, en ce moment de la question du Directeur Général et des vice-présidents.

M. THIEBAUT (France). — Dans ce cas, je retire mon objection et je m'excuse d'être intervenu.

LE PRESIDENT. — Etes-vous prêts?
La question étant posée, le rapport est adopté à l'unanimité.

LE PRESIDENT. — A la dernière page se trouve une résolution séparée qui va être lue. C'est une question de forme rendue nécessaire par ce qui précède.

LE SECRÉTAIRE donne lecture de la résolution :

« Il paraîtrait également opportun, au cas où il serait décidé de créer des postes de vice-présidents, dont l'un aura pour attribution la surveillance générale, de supprimer les Comités permanents prévus par le présent règlement intérieur, à l'exception de la Commission des Finances.

Cette mesure entraînera les nouveaux amendements suivants au règlement intérieur :

L'article III devra être annulé.

L'article IV deviendra l'article III et sera conçu en ces termes :

« Le Conseil des Gouverneurs peut nommer tels fonctionnaires et commissions qu'il juge nécessaires. Il nommera un Comité permanent chargé d'examiner les comptes et les opérations financières de la Ligue, d'étudier ses besoins dans ce domaine et de présenter des rapports sur les questions financières au Conseil des Gouverneurs et au Comité exécutif. »

L'article V deviendra l'article IV.

LE PRESIDENT. — Y a-t-il une motion pour l'adoption de cette proposition?

SIR EDWARD STEWART (Grande-Bretagne). — Je propose l'adoption.

La proposition, mise au vote, est adoptée à l'unanimité.

LE PRESIDENT. — Il s'agit maintenant de choisir un Président, des vice-présidents, un Secrétaire Général, un Conseiller, le Comité exécutif et le Comité des Finances.

Il serait bon d'avoir une sous-commission pour nous proposer ce choix.

M. CONILL (Cuba). — Je propose que nous nommions une sous-commission et que le Président soit chargé de désigner les membres.

LE PRESIDENT. — Je propose les noms suivants :
Lady Novar (Australie).
Comte Potocki (Pologne).
Général Roëll (Pays-Bas).
M. Garino (Argentine).
Phra Sarasas (Siam).
La sous-commission veut-elle maintenant se retirer pour étudier les nominations.
La sous-commission se retire.

LE PRESIDENT. — Nous allons maintenant examiner les rapports des Commissions. Les rapports de la IIe et IIIe commissions sont-ils prêts?

SIR FREDERICK WHYTE (Indes). — J'ai été nommé président des deux commissions fusionnées, je m'excuse auprès du Conseil de présenter un rapport un peu long mais vous en êtes, Messieurs, un peu responsables, puisque vous avez demandé au deux commissions de siéger ensemble et comme les sujets que nous avions à traiter comportent l'activité tout entière de la Ligue à l'exception de ce que vous appelez « négociations » et « fonctions », vous comprendrez que ce document soit assez important. Je propose, avec votre permission, de lire le texte français, ceux qui désirent suivre le texte anglais pourront le faire. Le texte français est le texte le plus exact.
Sir Frederick Whyte donne lecture de son rapport :
« Les IIe et IIIe Commissions fusionnées en une seule par votre décision m'ont fait l'honneur de me désigner pour vous présenter le rapport de leurs travaux.

Notre tâche consistait à examiner les activités du Secrétariat de la Ligue, c'est-à-dire, d'une part, l'œuvre accomplie par les sections techniques pendant le dernier exercice, et d'autre part les mandats spéciaux confiés à ces sections.

De cet examen, nous avons tiré les conclusions suivantes :

1) SECTION DES SECOURS.

Le rapport de la Section des Secours qui nous a été présenté est un résumé du travail de la Section pendant la période 1925-1927, au cours de laquelle elle a eu l'occasion d'intervenir à douze reprises différentes. La seconde partie du rapport indique le programme envisagé pour la période 1927-1928. La Section se propose de poursuivre son action, d'après les directives suivies jusqu'à présent, c'est-à-dire, de continuer à fonctionner comme :

1° Un centre d'aide internationale;

2° Un bureau de documentation;

3° Un bureau de propagande et d'information.

En ce qui concerne la documentation, son rôle peut être envisagé comme suit :

Recueillir les informations sur le développement des Sociétés nationales en matière de secours;

Porter à la connaissance des Sociétés nationales l'organisation des secours telle qu'elle est appliquée dans les Sociétés où cette question a été spécialement étudiée;

Préparer des notes et des articles relatifs à l'action de secours, non seulement pour les publications de la Ligue, mais aussi pour les bulletins des Sociétés nationales, pour la revue des « Matériaux », pour la presse en général et les conférences par T. S. F.

Préparer une édition revisée de la brochure intitulée « L'organisation des Samaritains et la Croix-Rouge ».

Terminer le manuel de secours.

Préparer un rapport général sur l'action de secours en Bulgarie.

La Commission propose au Conseil d'approuver le rapport de la Section.

Sur la proposition du Sénateur Ciraolo, il a été aussi recommandé :

1° Que la Section étudie la possibilité d'établir les statistiques des grands fléaux qui ravagent chaque année les pays des différents continents et de les publier;

2° Que la Section se tienne au courant des publications parues touchant les secours et en donner un résumé.

Le Sénateur Ciraolo est revenu sur la résolution adoptée en 1925 par le Conseil Général de la Ligue, portant sur la nomination d'experts techniques en matière de secours; il a insisté sur l'utilité de désigner des experts.

Sur la proposition du Président, rapporteur des IIᵉ et IIIᵉ Commissions, le rapport de la Section des Secours a été adopté sans autres commentaires.

2) SECTION D'HYGIÈNE.

Le rapport de la Section d'Hygiène résume les diverses tâches assumées par la Section et les travaux entrepris au cours de l'année dernière. La Commission propose au Conseil l'adoption de ce rapport.

Il est rappelé que la Section d'Hygiène constitue :

a) *Un service d'information,* qui est à la disposition de toutes les Sociétés nationales pour toutes les questions d'hygiène, de médecine préventive ou sociale pouvant les intéresser. Des exemples sont donnés du genre et de l'étendue des informations fournies.

b) *Propagande d'Hygiène et Enseignement populaire.* — La propagande d'hygiène par la distribution de matériel, de films, etc., reste sous le contrôle de la Section d'Hygiène, afin de répandre les meilleures méthodes actuellement employées pour faire pénétrer dans tous les milieux une meilleure connaissance de l'hygiène.

c) *Collaboration avec les Sociétés nationales.* — La Section collabore avec les Sociétés nationales dans des buts déterminés. Parmi ces buts, on relève spécialement la collaboration avec la Croix-Rouge norvégienne, en vue de l'organisation de la Conférence d'Oslo et la réalisation d'un programme international pour l'amélioration de l'hygiène dans la marine marchande.

d) *Missions.* — Des missions furent entreprises, en vue de maintenir le contact avec les Sociétés nationales et de participer à la connaissance mutuelle des buts poursuivis et des résultats obtenus. Au cours de l'année dernière, des missions de ce genre eurent lieu en Albanie, en Allemagne, en Pologne, aux Etats-Unis, au Japon, aux Indes néerlandaises.

c) La Section sert *d'organisme de liaison* avec les Associations internationales :

1° Avec l'Organisation d'Hygiène de la Société des Nations, soit directement par le Secrétariat, soit par l'intermédiaire du Prof. Cantacuzène, avec le Comité d'Hygiène;

2° Avec la Section Sociale de la Société des Nations par représentation directe au Comité de Protection de l'Enfance. Il est à signaler que ce Comité de la S. D. N. a donné cette année deux nouveaux mandats d'étude au représentant de la Ligue;

3° Avec l'Office International d'Hygiène Publique par l'intermédiaire du Prof. Santoliquido.

4° Avec l'Union Internationale contre la Tuberculose, dont le Secrétariat et la préparation du Bulletin sont assurés par la Section d'Hygiène de la Ligue.

La Commission, unanime, propose au Conseil des Gouverneurs d'approuver la continuation du fonctionnement de la Section :

a) Comme service d'information de propagande d'hygiène,

b) Comme organe de réalisation (sur la vive recommandation de M. Steffens, représentant de la Croix-Rouge de Norvège) du plan proposé au nom de la Croix-Rouge norvégienne par le Dr Engelsen en 1924, pour l'amélioration de l'hygiène dans la marine marchande, et de son extension par le travail du Comité permanent de bien-être du marin,

c) Comme organe de liaison avec les grandes institutions internationales qui ont été déjà citées. Elle approuve en particulier la conclusion d'un accord avec l'Office International d'Hygiène Publique, en vue de la lutte contre la tuberculose.

Le Président indique l'importance de la Section comme pivot du travail technique de la Ligue, et la Commission adopte à l'unanimité et propose à la ratification du Conseil des Gouverneurs le vœu exprimé par le Dr Mimbela, qu'en vue de l'importance du travail accompli, de l'étendue et de la multiplicité des tâches futures, tous les efforts soient faits pour augmenter le personnel technique de la Section.

La Commission prend acte, avec l'expression de son vif intérêt et de sa reconnaissance, du dépôt au Secrétariat, par Son Excellence M. Alberto J. Pani, d'un ouvrage remarquable sur l'Hygiène au Mexique, qui jette de vives lumières sur de graves problèmes se posant dans ces régions. La Commission exprime l'opinion que cet ouvrage sera de nature à faciliter la coopération technique du Secrétariat avec l'Amérique latine.

3) Section des infirmières.

La Section des Infirmières a soumis son rapport et sollicité l'approbation du Conseil des Gouverneurs pour son programme général, tel qu'il est exposé dans ce rapport, et le développement de ses activités, spécialement en ce qui concerne :

I. Les cours internationaux organisés par la Ligue à Londres.

a) Développement des cours internationaux;

b) Administration de ces cours par un Comité nommé par le Bedford College (Université de Londres) dans lequel seront représentés le Collège des Infirmières et la Section des Infirmières de la Ligue;

c) Organisation d'un cours complémentaire, à Londres, en 1928, pour les anciennes élèves diplômées.

II. Les mesures à prendre en vue d'obtenir l'appui financier
d'une institution philanthropique pour la réalisation des projets
ci-dessus.

III. Le renouvellement du bail de l'immeuble sis 15, Manchester Square, pour une période de 30 ans.

La Commission a exprimé sa haute appréciation de l'œuvre
accomplie et propose au Conseil l'adoption de ce rapport.

4) SECTION DE LA CROIX-ROUGE DE LA JEUNESSE.

La Commission a approuvé les directives qui ont été suivies
par la Section de la Croix-Rouge de la Jeunesse de la Ligue pour
l'organisation mondiale de cette institution. Elle a apprécié la
valeur pour les sociétés nationales de la documentation **qui a**
été éditée : affiches, brochures, articles destinés aux éditeurs de
Revues de la Croix-Rouge de la Jeunesse, films, matériel de propagande en général. La Commission souhaite que ces publications
soient continuées et que la participation si utile de la Section de
la Croix-Rouge de la Jeunesse aux expositions nationales ou internationales ayant trait aux buts qu'elle poursuit se développera
encore davantage à l'avenir.

La Conférence des Educateurs et celle des Rédacteurs de Revues de la Croix-Rouge de la Jeunesse qui ont été réunies sous
les auspices de la Croix-Rouge de la Jeunesse de la Ligue, se sont
montrées d'une grande utilité théorique et pratique; il est souhaitable qu'un contact fécond soit ainsi établi de temps à autre entre
les représentants autorisés des différentes sections nationales.

La Commission a approuvé notamment l'organisation en 1927
d'une « Semaine de la Croix-Rouge de la Jeunesse » qui réunira,
pour qu'ils puissent échanger leurs vues sur les meilleures méthodes à employer, les éducateurs et les membres de la Croix-Rouge
qui se dévouent avec activité dans les différents pays à l'organisation et au succès du mouvement.

Une suggestion intéressante a été faite à la Commission. Ce
serait celle qui consisterait à créer un fonds international de
premiers secours alimenté par les cotisations volontaires des
enfants membres de la Croix-Rouge de la Jeunesse de tous les
pays où celle-ci est organisée et administrée par la Section de
la Jeunesse de la Ligue. Ce fonds, qui serait destiné spécialement
aux enfants victimes de calamités serait employé à les secourir, soit au point de vue matériel en leur fournissant la nourriture ou les vêtements dont ils auraient besoin, soit au point de
vue moral, en les aidant le plus possible à recevoir l'instruction,

l'éducation et, plus spécialement, la culture intellectuelle et physique auxquelles tout être humain a droit. La Commission a été d'avis que cette suggestion méritait d'être recommandée à l'étude du Secrétariat de la Ligue.

L'attention de la Commission a enfin été retenue par les subventions généreuses que le fonds « Laura Spelman Rockefeller » a attribuées à la Section de la Jeunesse de la Ligue. La Commission a estimé, et elle espère que le Conseil des Gouverneurs voudra bien partager ses vues, qu'il serait bon d'envoyer une motion spéciale de remerciements à l'institution ci-dessus, de manière à reconnaître les services éminents qu'elle a permis de rendre à la Croix-Rouge de la Jeunesse.

C'est pourquoi la Commission se permet de soumettre le texte suivant à l'approbation du Conseil :

Le Conseil adresse ses plus vifs remerciements au « Laura Spelman Rockefeller Memorial Fund » pour les généreuses subventions qu'il a accordées à la Section de la Jeunesse de la Ligue et qui, en lui permettant de développer sa propagande, ont largement contribué à l'extension du mouvement de la Croix-Rouge de la Jeunesse et de l'idéal qu'elle représente dans le monde. »

5) Section de l'émigration.

Nous avons également donné notre approbation au rapport de la Section d'Emigration. L'exposé qui nous a été fait nous a permis de constater l'importance de l'œuvre de la Croix-Rouge dans ce domaine et il nous a paru désirable d'inciter le Secrétariat de la Ligue à poursuivre son travail de documentation et d'enquêtes et son action en faveur de la santé et du bien-être des émigrants.

En ce qui concerne les mandats et les activités spéciales des Sections, nous sommes unanimement arrivés aux conclusions suivantes :

1° Etudes des résolutions de Washington et de Tokio :

La Commission a donné son approbation aux résolutions votées à Washington et à Tokio.

2° Conférences régionales et internationales à prévoir.

Elle a pris note des différentes Conférences internationales et régionales projetées et en particulier de celles qui sont prévues dans les résolutions des Conférences de Washington et de Tokio, relatives au renouvellement de ces conférences.

3° Union Internationale de Secours.

M. le Sénateur Ciraolo a exposé à la Commission l'état actuel du Projet d'Union Internationale de Secours dont il est le généreux promoteur. Il a prié les Sociétés nationales de la Croix-Rouge de bien vouloir insister auprès de leurs gouvernements pour que ceux qui n'ont pas encore pris de décision, désignent des délégués pour la Conférence diplomatique du 4 juillet, qui doit se tenir à Genève pour la création définitive de l'Union Internationale de Secours.

M. le Comte de Mimbela a fait remarquer que beaucoup de Sociétés de la Croix-Rouge disposant de peu de fonds ne peuvent intervenir autant qu'elles le voudraient dans l'assistance internationale; il estime que l'intérêt porté à ces questions par les Gouvernements par le moyen de l'Union Internationale de Secours sera un très grand encouragement et une aide substantielle à l'action des Sociétés nationales de la Croix-Rouge.

La Commission a entièrement approuvé la déclaration du Colonel Bicknell à la Commission préparatoire de la Société des Nations d'où il ressort que l'on peut compter entièrement sur la Ligue des Sociétés de la Croix-Rouge pour prendre sa part des charges du Secrétariat de l'Union Internationale de Secours, y compris les dépenses proprement dites, si elle en est priée.

La Commission a exprimé l'opinion que la Section des Secours devra poursuivre son action d'étude et de propagande dans ce domaine et à se préparer à assumer les charges qui pourraient incomber à la Ligue à la suite de la création d'un service central et permanent de l'Union Internationale de Secours.

La Commission a exprimé son admiration au Sénateur Ciraolo pour son inlassable dévouement à la cause qu'il a défendue jusqu'à présent et le félicite des succès obtenus jusqu'à ce jour.

La Commission s'est associée aux félicitations du Sénateur Ciraolo pour le travail accompli par la Section des Secours et les services rendus à sa cause par ses deux co-directeurs.

4° Edition d'un film de la Croix-Rouge.

La Commission ayant pris connaissance du rapport du Directeur Général et du projet de scenario concernant l'édition d'un film retraçant l'historique de la Croix-Rouge et illustrant son programme de paix, et reconnaissant qu'un tel film constituerait un élément de propagande de premier ordre, charge les services techniques du Secrétariat de la Ligue d'en poursuivre la réalisation et recommande aux Sociétés nationales d'accorder leur appui financier à ce projet, dans la mesure de leurs moyens.

5° Proposition de la Croix-Rouge hongroise relative à la création d'une Médaille de la Croix-Rouge.

La Commission, après avoir pris connaissance de la lettre de la Croix-Rouge hongroise relative à ce sujet, a estimé, sur la proposition du Comte Potocki, que la question n'était pas suffisamment au point pour lui permettre de la discuter en connaissance de cause. Elle estime en effet qu'un examen plus approfondi est nécessaire, tant au point de vue juridique qu'au point de vue pratique et demande au Secrétariat de bien vouloir transmettre à toutes les Sociétés nationales une étude aussi complète que possible à ce sujet.

6° Projet de création d'un Conseil Consultatif international.

La Commission, après étude du rapport relatif à cette question, recommande au Conseil des Gouverneurs de modifier la constitution actuelle des comités consultatifs comme suit :

a) Qu'il autorise la création d'un Conseil consultatif international aussi restreint que possible, mais suffisant pour représenter à la fois tous les intérêts techniques et géographiques. Ce Conseil sera composé d'experts renommés et compétents dans l'un dse demaines suivants : hygiène, infirmières, secours et Croix-Rouge de la Jeunesse. Les membres de ce Conseil seront nommés par le Comité Exécutif pour une période de trois ans.

b) Ces spécialistes seront groupés en comités, suivant leur compétence respective, de façon à constituer un comité pour chacun des sujets importants représentés.

c) Il est recommandé au Secrétariat de consulter, selon les besoins, chacun des membres du Conseil consultatif, soit par correspondance, soit en les invitant à venir au siège central de la Ligue, soit en se mettant en rapport avec eux en quelque endroit qu'ils se trouvent.

d) Le Comité exécutif sera autorisé à convoquer une réunion de la totalité ou d'une partie des groupes formant le Conseil consultatif et à inviter les membres du Comité non compris dans les groupes convoqués à assister aux réunions à titre consultatif.

Telles ont été, Messieurs, les questions qui nous ont été soumises. D'une façon générale, nous avons pu constater que le Secrétariat accomplit d'une façon digne d'éloges, le travail que vous lui avez confié dans vos sessions antérieures. Nous avons noté une extension importante et salutaire du rayon d'action du

Secrétariat, tant en ce qui concerne les rapports avec les Sociétés
nationales que les contacts avec les grands organismes internationaux. Il nous a paru que les limites du programme que vous
lui avez tracées, le travail de paix de la Croix-Rouge a pris une
ampleur remarquable qui s'affirme dans chacune des branches de
notre activité et qui a droit à toute notre reconnaissance. J'espère,
Messieurs, que vous voudrez bien vous associer aux conclusions
de notre Commission et donner votre approbation au rapport que
je viens d'avoir l'honneur de vous présenter.

LE PRÉSIDENT. — Le rapport est devant vous, quelles sont
vos intentions?

Avant d'aller plus loin, je tiens à remercier Sir Frederick White
et sa Commission pour leur rapport. Il existe encore beaucoup
d'ignorance, dans beaucoup de pays, en ce qui concerne le programme de paix de la Croix-Rouge et les missions que la Ligue
entreprend. Un rapport de ce genre dissipe les malentendus.

Quelqu'un propose-t-il d'adopter le rapport?

Sénateur CIRAOLO. — Monsieur le Président, je tiens à vous
adresser mes vifs remerciements pour les félicitations si aimables
que vous avez bien voulu m'adresser. Je désire également renou-
veller ici, en séance plénière, les mots de remerciements et de
reconnaissance que j'ai adressés au Secrétariat lui-même.

Six ans se sont écoulés depuis que j'ai commencé à assumer
la mission et l'effort qui nous ont conduits nous tous, à cette veille
de Conférence diplomatique qui a été décidée pour réaliser l'Union
Internationale de Secours. Pendant ces six années, je suis passé
à travers des phases très différentes de l'opinion publique. On
a commencé par m'opposer un « non » et continuer à se taire.
Après la première année, on m'a dit « peut-être » ; mes efforts de
propagande m'ont enfin obtenu un « oui ». Maintenant, nous en
sommes à ce que 30 Gouvernements ont déjà adhéré aux propositions de la Commission d'Etude de la Société des Nations,
c'est-à-dire à cette formule de convention internationale qui a
été préparée pour réaliser l'Union internationale de secours. Je
dois déclarer, quelques soient les blessures à mon sentiment pater-
nel que le projet original et le projet actuel de convention n'ont
aucun esprit commun, mais que toute la procédure a été profondément changée par la Commission d'Etude, Commission qui a
étudié ce projet presque deux années, et dont les résultats ont
été suivis deux fois, sous forme de referendum, par tous les Gou-

vernements et toutes les Sociétés de Croix-Rouge, et ont été discutés dans trois Assemblées de la Société des Nations.

Après ces six années de travail, je puis vous dire sans découragement ni vanité qu'un jour nouveau va se lever pour la Croix-Rouge par la réalisation de l'Union Internationale de Secours. Les Gouvernements fédérés pourront charger les Sociétés de Croix-Rouge, soit dans chaque pays, soit dans le domaine international, de réaliser l'œuvre de secours au pays menacé de calamités. Vous voyez quelle nouvelle convention de Genève sortira de la prochaine Conférence et quelle magnifique œuvre elle accomplira dans le domaine de Paix, sous la forme d'action de secours.

La Convention de Genève de 1863 établit le secours international des blessés pendant la guerre. 1863 sera la convention de Genève qui aura reconnu ce privilège d'intervenir dans la Guerre. 1927 donnera la convention qui reconnaîtra à la Croix-Rouge le privilège de venir en aide aux pays frappés de calamités dans le monde. Vous voyez l'importance de la question; ce mouvement appelé Union Internationale de secours a déjà eu des conséquences très importantes parce que, même avant sa réalisation complète tant attendue, nous avons déjà fait un énorme mouvement en avant. Nous nous sommes occupés et sommes en train de nous occuper de la situation future de la Croix-Rouge, de préparer la documentation scientifique pour établir quels ont été, pendant les siècles, les fléaux dans chaque région du monde, afin d'atteindre les causes des calamités.

Il y a une autre question qui nous intéresse autant que la question des sinistres collectifs, c'est celle de l'assistance individuelle; elle est basée sur le même principe qui a tellement servi dans les sinistres individuels, et qu'on considérait comme une utopie, pour son application aux peuples.

Pendant ces six années de ma propagande qui, quelquefois était aussi enragée que passionnée, car je me trouvais comme un loup enfermé dans une fosse, j'essayais de me libérer de mes liens. Maintenant, dans le monde des techniciens, des assureurs, parmi les grandes sociétés d'assurance, l'idée a fait du chemin et l'on s'est intéressé à la question. On a trouvé une formule pour établir les primes d'assurance des peuples frappés de calamité.

Vous voyez, Messieurs, quelle énorme importance, même économique, aura la constitution de l'Union Internationale de secours. C'est vous dire, Messieurs, que je crois avoir un droit à votre collaboration, à vos efforts, car il y a à convaincre les Gouvernements qui n'ont pas eu la possibilité jusqu'à aujourd'hui de participer à ce mouvement.

Pour la réalisation de la solidarité, la Croix-Rouge, par cette proposition, a soumis aux Gouvernements une formule pratique pour démontrer que la solidarité internationale peut ne pas rester pendant les siècles, simplement une utopie. La majorité des Gouvernements a donné son consentement à cette proposition.

Je dois particulièrement remercier Monsieur le Président pour son intervention auprès de la Commission de la Conférence de Tokio, parce que je sais, par le délégué italien, l'excellence de cette intervention au sujet de ma proposition ; également pour son précieux concours à la conférence de Washington.

Je vous prie, Monsieur le Président, de vouloir bien continuer votre très haute collaboration à cette institution qui va surgir dans le monde.

LE PRESIDENT. — Y a-t-il d'autres observations à faire sur le rapport?

M. CONILL (Cuba). — La Ligue serait heureuse de compter parmi ses collaborateurs un homme comme le Sénateur Ciraolo, bienfaiteur de l'humanité. Je suis fier d'avoir été associé à son projet et je vous remercie, Monsieur le Sénateur, d'avoir cette occasion de rendre hommage à ce que vous avez fait.

(Applaudissements.)

LE PRESIDENT. — Quelqu'un propose-t-il d'adopter le rapport?

Le rapport est adopté à l'unanimité.

La sous-commission rentre en séance.

LADY NOVAR (Australie). — Les nominations vous sont recommandées à l'unanimité, les voici :

Président du Conseil des Gouverneurs : L'Honorable John Barton Payne.

LADY NOVAR (Australie). — Je suis sûre que nous n'aurions pu faire un meilleur choix.

Chaque fois que les membres du Conseil se réunissent en France, la même généreuse hospitalité leur a été accordée et nous avons pensé que la Ligue serait heureuse d'avoir, comme vice-président d'honneur, un Français. St tel est votre sentiment, nous vous proposons que le Général Pau soit nommé vice-président d'honneur de la Ligue.

(*Applaudissements.*)

Dans le cas où il ne pourrait accepter, le Comité exécutif
sera chargé de désigner un autre Français éminent.

Les vice-présidents sont : M. Kawai (Japon).

Colonel Draudt (Allemagne).

M. Conill (Cuba).

Comité exécutif. — Nous proposons de nommer pour
deux ans:

S. Exc. M. Geoffray (France)

Sir Arthur Stanley (Grande-Bretagne)

Sénateur Ciraolo (Italie)

et pour un an, afin de préserver la continuité dans le Comité, dans
le cas où trois membres se retireraient chaque année :

M. Athanasaki (Grèce)

Prof. Calderón (Colombie)

Dr. A. Masarykova (Tchécoslovaquie)

ces trois derniers vous sont proposés étant entendu qu'ils peuvent
être réélus si le Conseil le désire, à la fin de leur mandat.

Comité des finances.

S. Exc. M. Geoffray (France)

Prince Charoon (Siam)

Prof. Lecco (Yougoslavie)

M. Van Slooten Azn (Pays-Bas)

M. Pani (Mexique).

Avant de mentionner les nominations pour les deux autres
postes, je dois vous informer que le Dr. Sand a présenté sa démission de Secrétaire Général car il estime que le travail qu'il fait
par ailleurs est si important qu'il ne peut le sacrifier à des fonctions moins techniques. C'est pourquoi en considérant ces deux
nominations, nous devons tenir compte du fait que le Dr. Sand
s'est démis de ses fonctions de Secrétaire Général. Une autre
résolution votée aujourd'hui nous laisse un poste de Conseiller
technique et la sous-commission propose que vous désigniez le
Dr. Sand à ce poste.

Secrétaire général : M. Kittredge (Applaudissements).

LE PRESIDENT. — Vous avez entendu le rapport de la sous-
commission. Quelles sont vos intentions?

M. GEOFFRAY (France). — Je tiens à remercier le Conseil
pour l'honneur qu'il me fait en me nommant Membre de la Commission et Membre du Comité Exécutif, mais je suis très embar-

rassé parce que je vais rester très peu de temps à Paris, et il
me sera très difficile, dans ces conditions, de remplir mes fonctions. Je dois partir pour la campagne et je ne rentrerai à Paris
qu'à la fin de novembre; par conséquent je ne serai pas en mesure
d'assister aux réunions. En ce qui concerne le Comité des finances,
il me semble qu'il ne serait pas mauvais que les Membres en
soient renouvelés. J'appartiens depuis deux ans à ce Comité et
je ne serais pas fâché qu'une autre personne me remplace. Il ne
serait pas mauvais qu'une autre personne examine la chose.
Dans tous les cas, il me sera impossible, cette année, d'assister
aux deux commissions et je vous serais obligé de ne pas me désigner.

LADY NOVAR (Australie). — Il a été dit, dans la sous-commission, que M. Geoffray ne pourrait pas être présent très souvent
et M. Bicknell estime qu'on pourrait arranger les réunions de sorte
qu'elles aient lieu lorsque M. Geoffray est à Paris.

M. GEOFFRAY (France). — C'est que je serai très rarement
à Paris, pendant cette période, et je ne peux pas être assuré d'être
présent à cette réunion. Je crois, en effet, que les Comités doivent
se réunir à des dates déterminées.

SIR EDWARD STEWART (Grande-Bretagne). — J'apprécie
l'honneur qui est fait à la Croix-Rouge britannique en nommant
sir Arthur Stanley, mais, étant donné son état de santé il lui est
de plus en plus difficile de voyager et, en ma qualité de Président
par intérim de la Croix-Rouge britannique, je me permets de
vous demander si Sir Frederick Whyte ne pourrait pas le remplacer.

LE PRESIDENT. — Je crois qu'il devrait être entendu, avec
la permission du Conseil, que lorsqu'un membre, comme M. Geoffray est absent de Paris ou dans le cas de sir Arthur Stanley, il
devrait avoir la faculté de nommer un remplaçant.

Est-ce bien votre avis?

Je n'entends aucune objection. Il en est ainsi décidé.

Avant de mettre le rapport aux voix, je voudrais voir la partie
qui se réfère à la création d'un poste de vice-président honoraire
et à l'élection du Général Pau, votée à l'unanimité. Ces postes
n'existent pas encore ; il faut les créer ; c'est pourquoi je propose
de prendre cette décision séparément. Est-ce bien la décision
unanime du Conseil ?

(Applaudissements.)

M. GEOFFRAY (France). — La délégation française est très touchée, mais n'étant pas prévenue, elle ne peut répondre. Dès que cette nomination sera communiquée au Général Pau, il aura l'honneur de répondre.

M. Conill (Cuba). — J'estime qu'il y a dans la Ligue, deux postes qui ne sont pas moins importants que celui du Dr. Sand. Je voudrais qu'il fut fait mention dans le rapport des noms du Professeur Santoliquido et M. Larrosa.

LE PRESIDENT. — Etes-vous prêt à voter sur ce rapport?

Le rapport est adopté à l'unanimité.

LADY NOVAR (Australie). — Puis-je ajouter que la sous-commission a exprimé son profond regret que M. Bicknell ne puisse plus être nommé au poste qu'il a rempli avec tant de distinction; il nous a expliqué qu'il n'avait été que prêté par la Croix-Rouge américaine.

LE PRESIDENT. — Je tiens à exprimer au Conseil mon profond remerciement pour l'honneur qui vient de m'être fait une fois de plus, je ferai de mon mieux pour mériter votre approbation.

(Applaudissements.)

J'ai reçu ce matin une lettre de M. Hammarskjöld et je voudrais que le Secrétaire vous en donne lecture.

LE SECRETAIRE lit la lettre suivante:

« Monsieur le Président,

Me référant à l'article IV, deuxième alinéa, des Statuts de la Ligue des Sociétés de la Croix-Rouge, ainsi conçu : « Tout membre de la Ligue peut s'en retirer en avertissant par écrit le Conseil des Gouverneurs. Tout membre qui se retire renonce à tout droit sur biens de la Ligue », j'ai l'honneur de vous prier de bien vouloir informer le Conseil des Gouverneurs lors de sa session actuellement en cours que la Croix-Rouge suédoise se retire à partir de ce jour de la Ligue des Sociétés de la Croix-Rouge. »

La présente communication est faite en vertu des instructions qui m'ont été données par le Comité central de la Croix-Rouge suédoise.

Veuillez agréer, Monsieur le Président, les expressions de ma haute considération. »

COLONEL DRAUDT (Allemagne). — Après avoir attendu cette lettre de M. Hammarskjöld, je prends la liberté de proposer

une résolution et j'espère qu'il sera possible de la voter à l'unanimité. Il s'agirait, pour le Juge Payne, d'écrire au Prince Charles
en lui demandant de prendre en considération toute la situation
et les résolutions adoptées hier, dans la grande majorité du
Conseil des Gouverneurs.

(Applaudissements.)

M. CONILL (Cuba). — Au nom des délégations de l'Amérique
latine, j'ai été chargé de proposer que le Président demande,
par lettre, à chacune des Sociétés démissionnaires de différer
leur décision jusqu'à ce que nous connaissions le résultat de la
communication que nous allons faire au Comité international.

SENATEUR CIRAOLO (Italie). — Hier, après les paroles très
nobles, très fermes mais pleines de tristesse que vous avez prononcées après la déclaration de mon collègue suédois, l'Assemblée
entière s'est tue. Elle n'a pas voulu exprimer la profonde tristesse de ses sentiments de voir cette Société se retirer de la
Ligue. Mais je crois que nous avons tous été unanimement émus
par la façon dont nos collègues des pays scandinaves ont
déclaré devoir se retirer. Leurs paroles étaient tellement em-
preintes de mélancolie et de regret que nous avons senti, nous
tous que leurs sentiments étaient sincères mais, Monsieur le
Président, vous avez parlé avec une telle éloquence et un tel
talent que nous avons pensé que le mieux était de se taire. Mais
ce matin après la lecture de la lettre de M. Hammarskjöld et la
proposition de M. le Colonel Draudt, permettez-moi d'ajouter
quelques mots. Je me demande, en effet, si une société de Croix-
Rouge quelle qu'elle soit qui possède l'esprit d'entr'aide que nous
avons adopté, a le droit de se retirer de la Ligue. Les Sociétés
de Croix-Rouge ne sont pas des institutions ou commerciales ou
politiques ; elles sont presque des institutions mystiques, lesquelles,
en se constituant, ont adopté le mot d'ordre de servir dans l'intérêt des collectivités. Cet intérêt de collectivité n'a pas de frontières; c'est un intérêt qui est au delà de toute volonté personnelle. Chaque société a juré de servir une cause, même quand
elle n'est pas une cause nationale.

Comme Membres de la Ligue, ces sociétés ont entrepris, dans
l'intérêt de leurs nationaux, des travaux extrêmement importants. Elles sont engagées dans l'organisation de la Croix-Rouge
de la Jeunesse qui n'est pas nationale. Elles sont engagées même
dans certains devoirs de secours internationaux. Mais après avoir
présenté au Conseil des Gouverneurs la résolution de se retirer,

de quel droit la Croix-Rouge norvégienne décline-t-elle, par exemple, les offres de collaboration de la Ligue dans son programme pour la santé des marins? Comment pourrait, par exemple, notre sœur, la Croix-Rouge suédoise qui a pris une quantité considérable d'initiatives pour l'union sociale, ne pas engager de relations avec la Ligue des Sociétés de la Croix-Rouge pour le développement des secours par avions? Comment la Croix-Rouge de Danemark qui a pris des initiatives tellement méritoires au sujet de l'organisation des samaritains, comment ne pourrait-elle échanger avec la Ligue des accords pour développer son œuvre? Comment toutes ces Sociétés de Croix-Rouge pourraient-elles se passer d'entretenir avec la Ligue des rapports suivis au sujet de l'organisation de la Croix-Rouge de la jeunesse? Naturellement il n'y a aucune garantie juridique, il n'y a aucun moyen de contraindre une société nationale de ne pas s'éloigner de la Ligue, mais dans la lettre que notre éminent Président va écrire sur la suggestion de M. le Colonel Draudt, je crois qu'on pourrait souligner l'inopportunité de rompre les liens de la Ligue et faire observer que notre devoir commun à tous, est au-dessus de nos opinions personnelles.

Je termine en priant Monsieur le Président et MM. les Membres du Secrétariat de continuer à avoir avec ces Sociétés, les relations de collaboration que vous avez eues, jusqu'à présent, avec chacune d'elles. Je vous remercie d'avoir eu la patience de m'écouter et je fais le vœu que le jour soit proche où notre Président pourra nous inviter à venir manger le veau gras pour fêter le retour de l'enfant prodigue.

M. CONILL (Cuba). — Je tiens à exprimer ma reconnaissance au Conseil qui m'a nommé vice-président. J'accepte avec grand plaisir non pas comme un honneur personnel, mais comme un hommage à la Croix-Rouge Cubaine.

M. KAWAI (Japon). — Je suis très sensible à l'honneur qui m'est fait et à la responsabilité qu'on me confie. Je me rends compte que mon nom a été mis en avant comme tribut payé à la Croix-Rouge japonaise. Ce sera toujours mon but de suivre les instructions de ma société, au service de la Ligue.

LE PRESIDENT. — En ce qui concerne la lettre de M. Hammarksjöld, je dois vous dire que j'ai une lettre personnelle de lui, que je désirerais vous lire, pour vous montrer que pendant toutes nos discussions il n'y a pas eu le moindre ressentiment.

« Mon cher Juge Payne,

Comme vous étiez encore en séance quand j'ai quitté la réunion du Conseil cet après-midi, je n'ai pas eu l'occasion de prendre congé de vous comme j'aurais aimé le faire. C'est pourquoi j'ai l'honneur de prendre congé par lettre en vous remerciant en même temps pour votre inaltérable bonté et votre courtoisie pendant ces derniers jours. »

COLONEL DRAUDT (Allemagne). — Permettez-moi de vous remercier au nom de ma société pour l'honneur qui lui a été fait par ma nomination de vice-président. Me permettra-t-on de conclure en répétant ce que j'ai dit dans mon discours de mercredi.

« L'avenir de la Croix-Rouge est un souci commun qui nous rend solidaires, même si nos opinions nous divisent quant aux détails. Restons fidèles à cette solidarité, et évitons tout ce qui peut éveiller dans l'esprit du public le soupçon même d'une désunion au sein de la Croix-Rouge. Agissons ainsi en pensant à l'idée que nous servons et en pensant à l'existence de notre grande organisation internationale que nous devons conserver forte et vivace. »

LE PRESIDENT. — Si je comprends la motion du Colonel Draudt, le Bureau est chargé d'écrire au Prince Charles de Suède. Est-ce votre avis unanime?

Approuvé.

LE PRESIDENT. — En ce qui concerne la suggestion de M. Conill d'écrire aux autres sociétés, je ferai remarquer qu'elles n'ont pas encore pris de décisions formelles. Je présume qu'il ne s'agit que d'une sorte de notification, mais la lettre de M. Hammarskjöld constitue une action définie. Ecrirons-nous aux autres sociétés?

M. CONILL (Cuba). — Les délégués d'Amérique latine retirent leur motion et nous suggérons que, si des lettres de démission sont reçues, nous écrivions dans le sens que j'ai indiqué.

Il en est ainsi décidé.

LE PRESIDENT. — Y a-t-il d'autres suggestions?

SENATEUR CIRAOLO (Italie). — Monsieur le Président, je crois interpréter les sentiments de tous les Membres du Conseil en vous remerciant pour la collaboration que vous avez donnée aux travaux du Conseil même et la façon très distinguée, très spirituelle avec laquelle vous nous avez dirigés dans notre difficile tâche;

même dans les réunions où s'est manifestée la division des opinions, vous avez montré votre bonté paternelle.

Vous avez montré une telle noblesse et une telle diplomatie aimable dans les différends qui ont pu surgir au cours de ces débats, qui se sont déroulés avec un tel sentiment de respect pour votre personne que nous pouvons partir avec la certitude que le départ de nos confrères scandinaves ne sera que temporaire. Je propose que nous nous réunissions tous pour saluer le Juge Payne.

(Longs applaudissements.)

M. KAWAI (Japon). — Exprimons aussi notre reconnaissance au Secrétariat pour son magnifique travail.

SÉNATEUR CIRAOLO (Italie). — Monsieur le Président. J'ai encore quelque chose à ajouter à ce que je viens de dire. Un mot particulier pour M. Bicknell qui a été votre suppléant pendant cette année où vous étiez allé faire votre voyage si utile dans la famille des sociétés de la Croix-Rouge. M. Bicknell a apporté dans l'exercice de ses pouvoirs tellement de sourires, de bonté, tellement de calme intelligent. Il a toujours parlé avec tant de prudence, agi avec tant d'amabilité, il a toujours su se se placer au-dessus des différends, et acquérir l'estime de tous.

J'ai eu l'honneur de l'avoir pour collègue dans la Commission d'Etude de la Société des Nations. Il s'est toujours attiré la plus grande considération, et le plus grand respect.

LE PRÉSIDENT. — J'ai beaucoup pensé au vote et à l'action qui a été prise ici en ce qui concerne l'organisation internationale. J'ai été très impressionné par les remarques que M. Hammarksjold a faites hier: il a dit qu'au moment de la création de la Ligue elle avait été considérée, elle se considérait peut-être elle-même comme une organisation temporaire. Le seul fait que je connaisse qui ait pu accréditer cette idée se trouve dans les statuts originaux qui exprimaient l'espoir qu'une forme quelconque de coordination ou de consolidation (j'oublie les termes) avec le Comité international puisse être réalisée.

La réunion actuelle du Conseil avec sa représentation directe de 54 Sociétés, constituant la Ligue, m'a beaucoup impressionné. Si quelqu'un a jamais supposé que la Ligue puisse disparaître ou que son existence était transitoire, cette réunion a prouvé aussi bien que mes propres observations lorsque j'ai eu l'occasion d'entrer en contact avec nos Conférences régionales panaméricaine et orientale, ou en voyageant autour du monde, que la Ligue est entrée dans une phase permanente et qu'elle est reconnue par le monde comme répondant à un besoin profond. L'action que vous avez prise hier et qui, je l'espère beaucoup, ne détruira pas la complète unité de la Croix-Rouge, met fin à la controverse qui s'est poursuivie pendant 5 ans.

J'espère que les amis du Comité international comprendront que la pensée inspiratrice qui a animé le Conseil des Gouverneurs et la commission était simplement celle-ci: Nous ne pouvons prendre aucune décision qui affecterait la complète liberté d'action de la Ligue dans sa tâche de répondre aux besoins de l'humanité tout entière, que nous ne pouvons nous prêter à quoi que ce soit qui restreigne son champ d'activité, sa capacité de rendre service et de répondre aux besoins universels.

Tous comprendront, je pense, que tout en accordant au Comité international la même reconnaissance que nous demandons pour nous-mêmes, nous tenons à ce que la Ligue demeure. Elle est ici pour rendre service à l'humanité et les sociétés nationales tout entières la considèrent comme leur seule arme, comme leur propre moyen d'expression, comme leur moyen de rendre service et elle demeurera.

Je tiens à exprimer ma reconnaissance personnelle pour la présence de toutes les sociétés et pour votre compréhension intelligente et sincère de la mission que la Ligue est chargée d'accomplir sur la terre.

(*Applaudissements.*)

Y a-t-il d'autres commentaires?

La séance est levée à 12 h. 45.

SÉANCES DES COMMISSIONS

PREMIÈRE RÉUNION DE LA PREMIÈRE COMMISSION
Mercredi 4 mai 1927
15 heures.

Présidence de l'Honorable John Barton Payne

Présents : Tous les membres à l'exception du Sénateur Ciraolo qui est venu trop tard.

PROFESSEUR NOLF (Belgique). — Je dois au fait que la Belgique est au début de l'alphabet, l'honneur de présider temporairement cette Commission. Mon premier devoir est de procéder à l'élection d'un président. Quelqu'un demande-t-il la parole?

M. CONILL (Cuba). — Je propose M. Payne.

M. ATHANASAKI (Grèce). — J'appuie la proposition.

PROFESSEUR NOLF (Belgique). — Lorsqu'on se souvient de la maîtrise avec laquelle il a conduit les débats ce matin, je suis certain que personne ne mettra en doute ses qualités de Président. Veuillez exprimer vos vues.

L'Hon. John Barton Payne est élu par acclamations.

M. PAYNE. — Je vous remercie de votre amabilité.

LE PRESIDENT. — La séance est ouverte.

Peut-être devrais-je annoncer qu'une proposition a été soumise au Conseil par la Croix-Rouge hongroise. On vous présentera également les recommandations du Comité exécutif, votées en juillet dernier, qui recommandent au Conseil des Gouverneurs de prendre les mesures nécessaires pour fusionner l'Assemblée générale de la Ligue avec la Conférence Internationale, ou pour adopter un dispositif quelconque tendant à éliminer l'Assemblée Générale. Autant que je sache, tels sont les deux seuls faits que le Bureau ait à vous présenter.

M. GEOFFRAY (France). — Il y a aussi une résolution votée par le Comité exécutif en novembre.

LE PRESIDENT. — Je ne l'ai pas devant moi.

M. HAMMARSKJÖLD (Suède). — Je crois que le premier point à l'ordre du jour est l'étude des résolutions votées par la Conférence internationale spéciale, tenue à Berne en novembre dernier. Le Président de la Croix-Rouge suédoise a retiré la proposition qu'il avait faite et dont il a informé le Conseil des Gouverneurs. La raison de ce retrait est que les propositions émanant de 24 sociétés l'ont remplacée.

LE PRESIDENT. — Cela ne change pas le fait que l'examen des amendements proposés aux articles d'Association de la Ligue, soumis par le Président du Conseil, en accord avec les décisions adoptées par le Comité exécutif en juillet 1926 est toujours devant vous.

M. GEOFFRAY (France). — Il y avait une autre résolution adoptée en mars.

M. HAMMARSKJÖLD (Suède). — Je crois que certaines résolutions ont été adoptées par le Comité exécutif en mars et que certaines notes ont été soumises à ce même comité à la même occasion. Je constate cependant qu'il n'est pas fait mention de ces sujets à l'ordre du jour qui se trouve devant nous. M. Geoffray fait allusion à la résolution votée par le Comité exécutif à cette occasion.

M. GEOFFRAY (France). — La résolution existe même si elle ne se trouve pas devant nous.

LE SECRETAIRE. — Elle se trouve dans votre dossier bien qu'elle ne soit pas mentionnée à l'ordre du jour.

M. HAMMARSKJÖLD (Suède). — Lorsque j'ai pris la parole tout à l'heure je n'ai pas voulu dire que ces résolutions et ces textes ne devraient pas être discutés, mais, il me semble que selon la procédure parlementaire habituelle, ils devraient être discutés comme amendements au texte mentionné dans l'ordre du jour, c'est-à-dire comme amendements aux résolutions de Berne.

M. CONILL (Cuba). — Si les résolutions adoptées par la Croix-Rouge cubaine constituent un obstacle, je suis prêt à les retirer pour les présenter plus tard.

LE PRESIDENT. — Connaissons-nous tous ces résolutions? Il vaudrait peut-être mieux en donner lecture.

LE SECRETAIRE. — Résolutions votées par le Comité exécutif au cours de sa réunion du 15 mars 1927 :
« Le Comité exécutif du Conseil des Gouverneurs, après avoir dûment examiné les résolutions adoptées par la Conférence Internationale spéciale de Berne, et reconnaissant une fois de

plus la nécessité de l'unité la plus complète possible dans le monde de la Croix-Rouge;

Adopte les vues exprimées par le représentant de la Croix-Rouge allemande, à savoir que les Résolutions de Berne doivent s'interpréter comme la base préliminaire de l'unification désirée, plus spécialement en ce qui concerne la fusion des Assemblées générales de la Ligue avec les Conférences de la Croix-Rouge;

Recommande au Conseil des Gouverneurs, conformément à la suggestion du Président dudit Conseil, d'être prêt à faire dans les statuts de la Ligue toute modification qui paraîtrait nécessaire après l'aboutissement d'un accord sur la fusion des susdites Assemblées et Conférences;

En outre, conformément aux vues de la Croix-Rouge cubaine, recommande comme l'effort le plus convenable en vue d'un accord, que les délégués de la Ligue prennent contact avec les délégués du Comité International pour discuter confidentiellement les bases d'un accord, sans préjuger des solutions finales de cet accord. »

LE PRESIDENT. — Quel est maintenant votre désir?

M. HAMMARSKJÖLD (Suède). — Je crois qu'il serait également utile de lire les résolutions de Berne qui se trouvent à l'ordre du jour.

LE SECRETAIRE lit les résolutions de la Conférence de Berne.

I

La Conférence spéciale de la Croix-Rouge,

s'étant réunie et ayant accompli ses travaux conformément aux résolutions I de la XIe Conférence et aux Résolutions I et II de la XII ^e Conférence internationale de la Croix-Rouge ;

considérant que le moment est venu de réaliser l'Union organique envisagée par l'article I, alinéa 3, des statuts de la Ligue des Sociétés de Croix-Rouge de 1919 dans les termes suivants:

On compte que cette Ligue travaillera en parfait accord avec le Comité international, qu'elle coopérera avec lui, et que, ajoutant à l'œuvre de ce Comité pour le temps de guerre, un programme utile pour le temps de paix, elle apparaîtra comme son complément naturel. Cette coopération pourrait aboutir à une union organique avec le Comité international dont la continuité d'action est indispensable au monde de façon que cette action combinée ait pour résultat de maintenir les meilleures traditions de la Croix-Rouge et de les rendre d'une utilité toujours croissante pour les peuples de l'univers ;

recommande à l'examen des Sociétés nationales qui ne sont pas représentées à la Conférence spéciale et qui auront l'occasion de se recontrer à la prochaine session du Conseil des Gouverneurs de la Ligue des Sociétés de Croix-Rouge, les conclusions suivantes qui, à son avis, doivent servir de base à l'organisation internationale de la Croix-Rouge:

1. — L'union internationale des Sociétés de Croix-Rouge **est** ouverte à toutes les Sociétés nationales reconnues. Son siège est en Suisse.

2. — La Conférence internationale est l'autorité a plus haute de l'Union. Elle se réunit périodiquement. Elle est composée notamment des délégués des Sociétés nationales et des délégués des Etats signataires de la Convention de Genève.

3. — Un Conseil élu, sous réserve du paragraphe 4, par chaque Conférence internationale, veille à l'exécution de ses décisions et exerce, dans les limites qu'elle impose, les pouvoirs de celle-ci jusqu'à la réunion de la Conférence suivante, dont il assure la préparation. En cas de guerre, les membres du Conseil appartenant aux pays belligérants abandonnent leur siège au Conseil.

4. — Les activités de l'Union sont assurées:

a) d'une part, par le Comité international de la Croix-Rouge qui, recruté par cooptation parmi les citoyens suisses, continue à exercer en pleine indépendance les activités humanitaires visées soit par les conventions de Genève et de La Haye, soit par les mandats à lui conférés par les Conférences internationales de la Croix-Rouge;

b) d'autre part, par le Comité de la Ligue des Sociétés de Croix-Rouge, qui continue ses activités humanitaires.

Les deux Comités sont représentés dans le Conseil par des membres de leur choix.

5. — L'union n'a pas qualité pour engager une société nationale de la Croix-Rouge sans son consentement de quelque manière que ce soit.

II

Dans l'hypothèse où les Sociétés nationales qui ne sont pas représentées à la Conférence spéciale se rallieraient aux conclusions formulées dans la Résolution I, la Conférence spéciale recommande :

a) qu'afin d'éviter tout retard dans la constitution de l'Union projetée, la première conférence internationale de l'Union soit convoquée par le Comité central de la Croix-Rouge suisse, organisateur de la Conférence spéciale, dans le plus bref délai possible ;

b) que les dispositions ci-après soient, le cas échéant, soumises à cette Conférence en vue de faciliter la constitution rapide et le fonctionnement immédiat des divers organes de l'union, en attendant l'adoption, par la conférence, du Règlement définitif qu'il lui appartient d'établir.

III

La Conférence spéciale recommande aux Sociétés nationales ayant voté en faveur des résolutions I et II de donner à leurs représentants à la prochaine session du Conseil des gouverneurs de la Ligue des Sociétés de Croix-Rouge le mandat d'y présenter ces résolutions aux délégués des sociétés nationales non représentées à la Conférence spéciale et de s'efforcer de les faire prévaloir.

PROFESSEUR NOLF (Belgique). — Est-il utile de lire les dispositions qui suivent ces résolutions ? Je vous propose de passer à l'examen des résolutions. Au nom des 24 sociétés réunies à Berne, il serait bon de noter qu'elles ont considéré que les résolutions votées par elles n'auraient de valeur permanente qu'à la condition d'être soumises à l'opinion des Sociétés non présentes à Berne.

Lorsque les résolutions de Berne auront été étudiées par les 28 Sociétés non présentes, il sera alors possible de passer à la rédaction définitive. Si, au cours des débats nous pouvons obtenir l'unanimité, on pourra établir un projet. Ceux qui n'étaient pas à Berne devraient être invités à exprimer leurs vues et ces vues devraient alors être considérées.

M. GEOFFRAY (France). — J'appuie cette proposition.

M. CONILL (Cuba). — Si les dispositions sont lues je demanderai que la lettre de M. Mater soit prise en considération en même temps que les résolutions.

M. HAMMARSKJÖLD (Suède). — J'appuie la proposition du Professeur Nolf, mais je regrette de ne pouvoir appuyer celle de M. Conill.

M. GEOFFRAY (France). — Les deux documents sont deux choses tout à fait différentes. Les résolutions de Berne émanent d'un certain nombre de Sociétés nationales, la note de M. Mater n'est que l'expression d'une opinion personnelle.

LE PRESIDENT. — Toute la question provient de la suggestion, faite par M. Hammarskjöld, que les dispositions soient lues. Les résolutions ont été lues de la même façon que les résolutions de mars dernier, c'est-à-dire non comme une motion, mais à titre d'information générale. Chaque membre de la Commission a, bien entendu, le droit de lire, comme faisant partie de ses remarques, tout document relatif à la question. Si M. Hammarskjöld a le droit de faire lire les dispositions comme faisant partie de sa déclaration, M. Conill a le même droit. ...Mais le Professeur Nolf fait une motion.

PROFESSEUR NOLF (Belgique). — Je propose que nous prenions les Résolutions de Berne et que nous les examinions une à une.

LE PRESIDENT. — Le Professeur Nolf propose que nous passions à l'examen des Résolutions de Berne, non compris les dispositions.

La Croix-Rouge française est-elle satisfaite?

M. GEOFFRAY (France). — Oui.

LE PRESIDENT. — Y a-t-il des commentaires?

M. HAMMARSKJÖLD (Suède). — Je me permets de souligner que j'ai eu l'honneur d'appuyer, moi aussi, la proposition de M. Nolf, mais cela ne signifie pas que je renonce, pour plus tard, à l'examen des dispositions adoptées à Berne. Je crois que cet examen peut être laissé de côté pour le moment.

GENERAL GARINO (Argentine). — Conformément à la suggestion du Professeur Nolf, je demande la permission d'exprimer le point de vue de la Croix-Rouge argentine, qui n'était pas représentée à Berne. Je désirerais lire une déclaration à ce sujet.

I

« On a pu voir en 1923 au moment de la conférence de Genève, qui a discuté la nécessité d'une union du Comité International et de la Ligue, la différence essentielle qui existe entre ces deux organismes. Le Comité International, s'appuyant sur son rôle historique, très glorieux sans doute, prétendait absorber la Ligue.

Celle-ci fondée sur les nécessités de l'après-guerre, a dû se défendre contre cette idée d'absorption.

Il est évident, en effet, que le Comité International ne pouvait pas répondre aux exigences multiples de l'époque. Ses ressources financières étant insuffisantes, et son organisation inadéquate, il ne pouvait suffire à cette tâche. La Ligue, grâce à ses puissants moyens d'action, à son personnel compétent et à sa ferme volonté de faire œuvre utile, s'est imposée à l'attention du monde entier.

Aujourd'hui, grâce aux expériences faites depuis 4 ans, on peut dire que la position de ces deux organismes est nettement définie: d'un côté, la Ligue, qui poursuit son programme de paix, de l'autre, le Comité, qui désire une union dans laquelle il aurait une place prépondérante. Le problème est donc de savoir s'il est possible de fusionner les deux organismes en un seul.

La dernière tentative de former une Union Internationale de la Croix-Rouge, c'est-à-dire un troisième organisme qui aurait juridiction sur les deux autres, nous paraît ne pas devoir satisfaire la majorité des Sociétés nationales, qui ne désirent pas subventionner à la fois le Comité International, la Ligue et l'utopique Union Internationale de la Croix-Rouge. Cette union nous semble mort-née. Lui donner des attributions étendues et un personnel spécial, uniquement pour convoquer les conférences de la Croix-Rouge, nous paraît une entreprise extravagante, et on peut se demander qui en ferait les frais.

Il ne ressort des dernières tentatives d'union qu'une seule idée concrète, celle d'unir les deux assemblées convoquées aujourd'hui indépendamment, l'une par le Comité, l'autre par la Ligue. On constituerait ainsi un lien de solidarité à la fois simple et équitable. Nous croyons que l'heure de la fusion est encore distante, surtout si l'on considère que le projet envisagé prévoit l'établissement en Suisse d'un nouveau Conseil qui pourrait parfois entrer en controverse avec le Comité International.

II

Dans sa politique internationale, la Croix-Rouge argentine s'est inspirée de ses propres sentiments, qui se confondent avec ceux de l'Amérique tout entière. Nous n'apprécions pas comme les Européens la nécessité de placer en Suisse le siège de l'organisation philanthropique de la Croix-Rouge, sous le prétexte que ce pays est neutre en cas de guerre. Il nous intéresse bien davantage de posséder une organisation qui réponde aux buts de la paix, qui se consacre à l'étude des questions sociales et des questions d'hygiène, qui nous guide dans nos travaux, qui nous réunisse en conférences périodiques pour nous aider à perfectionner nos méthodes. Dire que le programme de la Ligue nous satisfait, c'est proclamer une grande vérité. Nous avons vu dès le début que les principes de la Ligue sont conformes à nos traditions démocratiques et au fonctionnement de toutes nos institutions politiques et intellectuelles. Il est de notre devoir, par conséquent, de soutenir de toute notre conviction ce que représente la Ligue, et nous avons l'intention de persévérer.

Si les débats actuels doivent avoir pour résultat un accord, ce ne pourra être que sur la base de la complète intégrité de la Ligue dans tous les organes dirigeants. Dans le cas où le Comité International ne voudrait pas renoncer à la place prépondérante qu'il revendique comme fondateur de la Croix-Rouge, il serait nécessaire qu'il comprenne que toutes les œuvres humanitaires utiles dont on voit le développement parmi tant de peuples différents, perdent leur caractère originel en se faisant universelles.

L'organe directeur de la Croix-Rouge ne peut sortir désormais que de la conjonction unanime des volontés des Sociétés nationales. »

M. GEOFFRAY (France). — Il ne me semble pas que le C.I.C.R. ait eu la moindre intention d'en imposer à la Ligue ou de l'absorber. Les Résolutions acceptées à Berne ne comportent pas cette idée. Le but poursuivi par la Conférence était de chercher une solution aux difficultés de l'heure. Si vous voulez éviter des froissements et des difficultés il est certain qu'il vous faut une espèce de Comité d'instance supérieur.

Je ne puis me rallier tout à fait au point de vue de mon collègue argentin pour ce qui concerne le rôle du Comité international qui a rendu de grands services, qui peut encore en rendre et, malheureusement, nous nous souvenons tous d'exemples de services qu'il a pu rendre. Mais je ne vois pas du tout qu'il y ait eu lutte entre le Comité et la Ligue des Sociétés de la Croix-Rouge. Nous devons examiner les résolutions impartialement ; ces résolutions paraissent acceptables à la Croix-Rouge française qui demande qu'elles soient acceptées par tous et je ne puis pas voir qu'elles contiennent quoi que ce soit qui soit hostile à la Ligue ; elles ont pour but d'obtenir une solution aux difficultés

qui existent actuellement ou à celles qui peuvent surgir dans
l'avenir. La tendance est à la conciliation et tel est le but réel
de ces résolutions.

M. ATHANASAKI (Grèce). — Il est nécessaire de demander aux
Sociétés qui n'assistaient pas à la Conférence de Berne, leurs avis
sur les résolutions prises à cette Conférence. Comme je représente une des plus petites Croix-Rouges, je me permets de commencer.

Telles qu'elles ont été prises, ces résolutions ne peuvent être
acceptées. Lorsqu'elles seront amendées, nous serons prêts à le
faire. Nous sommes animés du désir d'arriver à une entente;
nous ne devons pas sortir de cette salle sans arriver à résoudre
la question qui nous préoccupe.

A l'examen minutieux de la question, j'ai acquis la conviction
qu'une fusion des deux organismes est impossible pour plusieurs
raisons; ce sont deux organismes complètement distincts, complètement différents. Leurs formes sont différentes. Qui dit fusion
dit disparition d'un des deux organismes, autrement la fusion
n'existe pas. Or, nous considérons les deux organismes nécessaires. Nous avons, en effet, parfaitement apprécié l'action du
Comité International pendant la Guerre, action qui fut excellente. D'autre part, la Ligue a eu pendant la paix, une action
qui a donné la plus entière satisfaction aux nouvelles sociétés
nationales de Croix-Rouge et je crois être d'accord avec la grande
majorité de cette assemblée pour considérer que la Ligue est
absolument indispensable par l'œuvre considérable qu'elle a accompli au profit de toutes les Croix-Rouges. La fusion est impossible pour une autre raison, c'est que les deux organismes ne
veulent pas se soumettre à toutes les nécessités légales. Il faudrait organiser une collaboration entre les deux institutions. Ces
résolutions de Berne ne peuvent nous convenir. La Ligue, en effet,
devient un petit Comité, amputé de son Conseil de Direction et
de son Conseil des Gouverneurs. Le Conseil des Gouverneurs
est à la tête de la Ligue. Si vous supprimez le Conseil
des Gouverneurs, vous décapitez donc la Ligue et ne conservez
que le nom. Il faut que le Conseil des Gouverneurs soit maintenu
et gouverne comme actuellement. Ceci a une importance capitale
pour les Sociétés nationales. Des directives émanant du Conseil
des Gouverneurs seront beaucoup mieux suivies par les Sociétés
nationales. J'estime donc que le Conseil des Gouverneurs ne
peut pas être supprimé.

Le Comité international et la Ligue auront peu de difficulté à établir un organe commun de coordination de toutes leurs activités, chargé de faire son rapport à l'Assemblée Générale et à la Conférence internationale, tel qu'il est prévu dans les résolutions de Berne.

Le motif principal qui a contribué à donner tant d'acuité à cette question, est, il me semble, l'existence des conférences multiples qui occasionnent de fortes dépenses. Je crois qu'en supprimant l'Assemblée générale de la Ligue d'un côté et en faisant coïncider peut-être la réunion du Conseil des Gouverneurs avec la Conférence, à un ou deux jours d'avance, il n'y aurait pas d'autres frais.

Je trouve que cette forme doit donner satisfaction et nous conserverons ainsi les deux organismes tels qu'ils sont actuellement utiles à la Société et à l'Humanité.

SIR EDWARD STEWART (Grande-Bretagne). — Je désirerais déclarer que la Croix-Rouge britannique a apporté beaucoup d'attention à cette question qui est la plus difficile que notre Conseil ait eu à étudier. Voici le point de vue de la Croix-Rouge britannique :

I. « La Société britannique de la Croix-Rouge n'était pas représentée à Berne, pour des raisons qui ont été indiquées à cette époque. Nous estimions que les délibérations de cette conférence n'étaient pas susceptibles de donner une solution au problème de la Croix-Rouge internationale, étant donné que ces problèmes avaient déjà examinés, d'abord par un Comité de six personnes (3 représentants du Comité, 3 représentants de la Ligue) qui ne s'étaient pas accordés; puis par la Commission d'Etude composée de personnes possédant une connaissance complète de l'organisation de la Croix-Rouge et finalement, en maintes occasions, par le Conseil des Gouverneurs lui-même, qui avait conclu, il y a un an, que les négociations devaient être closes puisqu'elles ne pouvaient être terminées utilement. Le but qu'on poursuivait dans tout ceci était la simplification de l'administration générale, l'abolition du soi-disant dualisme et l'établissement d'une organisation internationale gouvernée par les Sociétés nationales et par elles seules.

La Croix-Rouge britannique est parfaitement consciente de l'esprit dans lequel la Conférence de Berne s'est mise au travail et la contribution utile que les résolutions votées apportent. Il est très satisfaisant que les Sociétés réunies à Berne se soient mises d'accord pour ne lier personne à une formule stricte et

pour laisser le Conseil des Gouverneurs décider l'action la plus
utile. Je suis certain que nous allons voir les discussions du
Conseil animées du même esprit.

II. Pour en venir aux termes mêmes des résolutions votées
à Berne il faut cependant dire, qu'aux yeux de la Croix-Rouge
britannique, elles ne paraissent pas acceptables. Elles ne constituent pas cette fusion du Comité international et de la Ligue
qui était l'objectif primordial de toutes ces discussions. Elles
laissent le C.I.C.R. complètement indépendant avec son mécanisme interne intact; d'autre part, elles abolissent le Conseil des
Gouverneurs de la Ligue et remettent la politique de la Ligue
entre les mains d'un corps dirigeant tout à fait nouveau. Si bien
qu'en fait, la Ligue, telle qu'elle existe à présent disparaîtrait,
cependant que le C.I.C.R. resterait là où il a toujours été. Ceci
n'est pas une fusion. En second lieu, l'arrangement proposé
(c'est-à-dire la nomination d'organes exécutifs contrôlant la
Ligue, par l'intermédiaire de la Conférence internationale) pri-
verait en fait les Sociétés nationales du seul contrôle de leur
organisation internationale qu'elles devraient posséder, puisque
cette Conférence internationale comprend des délégués gouvernementaux, des représentants du C.I.C.R. en même temps que
des représentants des sociétés nationales. En outre, la Conférence
internationale est et a toujours été un organe consultatif et non
exécutif et la Croix-Rouge britannique estime que ce serait une
grande faute que de changer ce caractère.

III. Il reste donc à considérer jusqu'à quel point ou peut simplifier le mécanisme existant. Il semble qu'il y ait accord unanime
pour que la Ligue et le Comité soient maintenus dans leur mission actuelle. Pour accomplir ce travail convenablement il est
évident que la Ligue a besoin de l'impulsion et du contrôle du
Conseil des Gouverneurs dans lequel toutes les Sociétés nationales
sont représentées. D'autre part, le C.I.C.R. attache la plus grande
importance à son caractère indépendant et à son système de
recrutement. Il y a en outre à côté de ces deux institutions la
Conférence internationale de la Croix-Rouge qui, jusqu'à ce jour,
s'est réunie de temps en temps dans le but de faire des recommandations, en particulier pour ce qui concerne la sphère du
Comité international. Il y a l'assemblée générale de la Ligue qui
joue un rôle analogue pour le programme de paix de la Croix-
Rouge; la fusion de ces deux organes en une seule conférence
semble une méthode pratique de simplifier la procédure. La

7

Croix-Rouge britannique serait favorable à un amendement des statuts de la Ligue prévoyant que l'ordre du jour des futures conférences internationales comprenne des questions touchant le travail de la Ligue et prévoyant que la Ligue soit représentée à ces conférences et leur présente des rapports. En outre il serait évidemment très commode de s'arranger pour que les Conférences internationales, lorsqu'elles se réunissent, coïncident avec la réunion annuelle du Conseil des Gouverneurs, qui serait convoquée en même temps et au même endroit.

IV. Aller plus loin ne paraît pas désirable pour le moment. Si les arrangements qui viennent d'être indiqués sont adoptés et paraissent satisfaisants, le temps montrera peut-être la possibilité de simplifier davantage, mais l'opinion de la Croix-Rouge britannique est que si le Conseil adopte une résolution prévoyant les amendements des statuts de la Ligue dans le sens sus-indiqué, il faudrait également décider de laisser la question reposer quelques années et nous ne la reprendrons que lorsque l'expérience aura montré que le temps est venu d'aller plus loin.

V. Nous désirons faire un appel très pressant aux membres du Conseil pour qu'ils réfléchissent aux conséquences des décisions qui vont être prises; il serait déplorable que le résultat des efforts que l'on a faits pour fondre les deux organismes en un seul, provoque la création d'un troisième organe, soit pour agir comme une sorte d'arbitre entre la Ligue et le C.I.C.R., soit comme une groupe indépendant faisant exactement le travail pour lequel la Ligue a été créée, sous un autre nom. C'est parce que nous sommes très anxieux de conserver l'unité de front de la Croix-Rouge que nous recommandons seulement les changements que nous croyons acceptables à tous. Nous sentons que nous ne pouvons aller plus loin.

LADY NOVAR (Australie). — En ma qualité de représentante de l'Australie, autre Croix-Rouge qui n'était pas représentée à Berne, j'ai l'honneur de déclarer que nous sympathisons avec les buts que se proposaient les résolutions, mais nous considérons la méthode comme mauvaise. Il est vrai que nous trouvons un inconvénient à l'existence de deux Croix-Rouges, mais ce n'est pas une raison pour en créer une troisième. L'Australie s'intéresse profondément à l'œuvre de la Ligue, elle s'occupe activement du travail de paix et elle déplorerait grandement tout ce qui pourrait entraver l'activité de cette institution ou diminuer son utilité; cependant, nous désirons que l'harmonie règne dans la Croix-

Rouge et nous appuyons vigoureusement l'idée de combiner les conférences.

Pour nous, qui vivons selon une constitution et un système de lois qui ont grandi de précédents en précédents et qui sont basés sur l'expérience, nous croyons à l'évolution et nous pensons que si vous faites le pas en avant dans la bonne direction, vous aurez fait beaucoup de bien mais que, si vous essayez d'imposer un système tout fait tel que celui des Résolutions de Bérne, il s'en suivra un désastre.

M. HAMMARSKJÖLD (Suède). — Je n'ai pas l'intention en ce moment de répondre aux diverses observations de détails qui ont été faites à l'occasion des résolutions de Berne, cela pour deux motifs: d'abord parce qu'il paraît préférable d'attendre que les Sociétés qui n'étaient pas représentées à Berne mais qui le sont ici, se prononcent; ensuite parce qu'il y a sans doute dans cette salle des personnes qui sont mieux placées que moi pour répondre à ces questions; mais je désire tout de même exprimer dès maintenant mon étonnement presque douloureux de constater qu'un certain malentendu qui avait été corrigé par une circulaire distribuée au mois de février au nom de 8 sociétés nationales au sujet des résolutions de Berne, semble néanmoins persister. Je désire pourtant me prononcer sur les quelques points que je considère comme étant d'une importance fondamentale pour nos discussions ultérieures. Le premier, le plus important de ces points c'est que par suite des décisions antérieures qui gouvernent notre activité, nous ne pouvons arbitrer entre le Comité International et la Ligue, c'est-à-dire nous-mêmes. La décision de la XIIe Conférence à laquelle participaient des délégués de la Ligue est de créer par les Sociétés nationales elles-mêmes l'organisation internationale qu'elles considèrent comme propre à mener le mieux à la réalisation des buts de la Croix-Rouge. Il en résulte, entre autre que, pour nous, les desiderata, soit du C.I.C.R., soit d'autres groupements que les Sociétés nationales ne peuvent jouer que rarement sans toutefois se subordonner dans cet ordre d'idées. Le Comité International lui-même a si bien compris cette situation qu'à la Conférence de Berne il a déclaré qu'il était prêt à se fondre dans la nouvelle Union projetée, à condition seulement que cette union puisse être réalisée conformément aux résolutions de Berne.

Il découle de ce principe que les discussions qui se poursuivent en ce moment, se poursuivent entre deux groupements de Sociétés nationales et non pas entre, d'un côté, le Comité, de l'autre, la Ligue. On a parlé avec beaucoup d'éloquence et infiniment de raison, dès ce matin, d'un esprit de conciliation qui devrait présider à nos travaux comme il l'a fait aux travaux antérieurs dans le domaine de l'organisation de la Croix-Rouge internationale. Je suis un de ceux qui désirent cet esprit de conciliation, mais en ce qui concerne son application je crois qu'il est de mon devoir de rappeler certains faits accessoires. Nous ne sommes pas au début d'une négociation, nous sommes à la fin d'une négociation qui s'est étendue pendant une période de plus de trois années. Les résolutions de Berne ne constituent pas le point de départ de ces négociations en ce qui concerne les deux groupes de sociétés nationales, mais bien le point final. La XIIe Conférence, vous vous en souvenez, a constitué une Commission d'étude qui s'est réunie en 1923. Cette Commission d'étude a élaboré un projet et des statuts pour la Croix-Rouge internationale qui donnaient plus ou moins satisfaction. D'un des groupes de Sociétés nationales, des objections ayant été soulevées, l'autre groupe a consenti à faire table rase de ces premiers statuts et à recommencer sur de nouvelles bases. Je crois qu'il m'est permis de déclarer que c'était déjà là un premier pas dans la voie de la conciliation de la part de ce groupe; en 1923, la Commission d'étude a réussi à élaborer un projet de statuts qui, je le souligne avec toute la force que je puis, a été adopté à l'unanimité par les Membres de la Commission; le compte rendu sténographique corrigé par les Membres eux-mêmes en fait foi. Néanmoins ces résultats ont été remis en question par deux sociétés nationales plutôt par deux Membres de deux Sociétés nationales dont l'une avait siégé dans la Commission et l'autre n'était pas représentée dans la Commission.

L'opposition prit la forme d'un rapport de la minorité qui était conçu dans des termes qui n'étaient pas entièrement obligeants pour le Dr Depage et M. Dresselhuys, tous deux décédés aujourd'hui.

On convoqua alors une conférence spéciale. A cette conférence, toujours le même groupement de sociétés s'est efforcé de préparer un nouveau projet destiné à tenir le plus de compte possible des objections soulevées par ceux qui avaient signé le rapport de minorité de 1924. Pour le groupement en question, cet avant-projet était déjà un nouveau pas de la plus grande importance qu'il n'a pas hésité à faire dans la direction de la conciliation. Néanmoins, afin de réaliser dans le sein de la conférence spéciale, l'unanimité requise, il a fait encore de nouvelles concessions, mais maintenant, au moins en ce qui concerne ma Société, nous avons touché le fond; nous sommes à bout. Les résolutions de Berne constituent le point final de nos efforts de conciliation; de sorte que s'il y a encore des efforts à faire afin de réaliser l'esprit de conciliation dont on a tant parlé, ces efforts doivent maintenant être faits par les Sociétés qui n'appartenaient pas au groupe dont je viens de parler.

Cela ne signifie pas que nous allons nous maintenir sur le terrain des résolutions de Berne; cela ne signifie pas évidemment que nous sommes liés pieds et poings aux rédactions qui ont été adoptées à Berne.

Je m'excuse de devoir déjà, en ce moment, parler avec cette netteté; mais je m'y crois autorisé déjà par le fait que plusieurs de mes collègues qui ont pris la parole avant moi ont déjà déclaré avec une netteté au moins égale que telle ou telle solution était inacceptable par les Sociétés qu'il représentent. Nous ne sommes donc pas les seuls à formuler des points qui sont inacceptables. Il y a des Sociétés qui se trouvent exactement dans la même situation bien que dans une position opposée qui ont bien voulu faire certaines propositions constitutives pendant l'échange de vues qui a eu lieu; ces propositions constitutives convergent dans le sens des résolutions du Comité exécutif de la Ligue prises au mois de Juin ou Juillet 1926 et préconisant une fusion seulement entre l'assemblée générale de la Ligue et la Conférence internationale de la Croix-Rouge à l'exclusion du Conseil des Gouverneurs de la Ligue. Voilà précisément un des points qui, j'ai le regret de le constater, ne peut pas être accepté par nous, parce que, comme on a eu l'occasion de le remarquer maintes fois, à notre avis, le vice principal de l'organisation existante c'est la possibilité pour les Sociétés nationales réunies dans une Conférence de prendre des décisions qui peuvent être opposées aux décisions prises par les mêmes sociétés nationales dans une autre forme d'Assemblée et nous avons la conviction que le Conseil des Gouverneurs existant à côté des Conférences internationales même englobant l'Assemblée nationale de la Ligue, cette possibilité existe. Mais j'ai entendu aussi de la part de quelques-uns de ceux qui ont émis les propositions constitutives dont il s'agit, émettre l'idée suivante: le Conseil des Gouverneurs qu'ils désirent maintenir devra se réunir en même temps et au même endroit que la Conférence qui réunira en Conférence internationale l'Assemblée générale de la Ligue. Je crois que si cette idée pouvait

être adoptée, elle pourrait constituer le commencement du pont
sur lequel ceux qui ont bien voulu émettre cette idée pourraient
venir à notre rencontre.

M. CONILL (Cuba). — Je désirerais faire quelques remarques
sur ce que vient de dire mon collègue suédois. Il a dit que les
Sociétés non représentées à Berne devraient pouvoir donner leur
point de vue sur cette question. Oserais-je vous rappeler que
lorsque le Président a suggéré, ce matin, un échange de vues,
il n'était pas en faveur de cette idée et que c'est sur l'initiative
de M. Hammarskjöld qu'on l'a abandonnée. Il n'a donc pu être
fait usage de l'occasion que nous offrait le président. Je désirerais maintenant, en ma qualité de représentant de la Croix-Rouge
cubaine, faire une déclaration.

a) La Croix-Rouge cubaine a pris note, avec satisfaction, de
la résolution du Comité exécutif recommandant au Conseil d'étudier la fusion de l'Assemblée générale de la Ligue et des Conférences internationales convoquées par le Comité international,
dans le but d'éviter le dualisme existant; et d'apporter aux statuts de la Ligue les amendements nécessaires afin de préparer
la voie pour arriver à une solution satisfaisante des difficultés
relatives à l'organisation internationale de la Croix-Rouge.

b) Que le président du Conseil soit également informé que
la Croix-Rouge cubaine estime nécessaire, pour le développement
normal et efficace de notre institution, qu'aucune organisation
ne limite le droit des Sociétés nationales quant à la libre formation de différents groupes ayant pour objet l'assistance mutuelle et la collaboration dans leurs travaux.

c) Que le président du Conseil soit en outre informé que
la Croix-Rouge cubaine est d'avis qu'au cas où un Comité permanent ou quelque autre organisme analogue de la Croix-Rouge
serait constitué, il serait opportun de réserver plusieurs postes
aux Sociétés du continent américain.

Je dois ajouter que la plupart des délégués de l'Amérique
latine sont, en ce moment, dans d'autres commissions et qu'il
est, par conséquent, d'autant plus regrettable que nous n'ayons
pas pu profiter de ce matin pour exprimer notre point de vue.

LE PRESIDENT. — Y a-t-il d'autres commentaires?

GENERAL GARINO (Argentine). — La Croix-Rouge argentine
a étudié la question fondamentale qui nous est proposée avec
beaucoup de soin et avec l'espoir de trouver une solution satis-

faisante. Malheureusement, en examinant les résolutions de Berne,
il n'a pas paru possible de trouver d'arrangement satisfaisant
qui préserve l'utilité des deux institutions. Nous n'avons devant
nous aucune formule concrète qui nous paraisse satisfaisante et
si cette formule pouvait être trouvée, la Croix-Rouge argentine
serait prête à l'examiner.

LE PRÉSIDENT. — Puis-je dire quelques mots, non pas en
ma qualité de Président, mais à titre personnel. J'ai été très
troublé par le « pont » de M. Hammarskjöld. Il a dit que la
suggestion contenue dans plusieurs déclarations faites cet après-
midi — c'est-à-dire le fait que le Conseil des Gouverneurs se
réunit en même temps et au même endroit que la Conférence
internationale — constitue le premier pilier du pont destiné à
conduire l'Opposition sur l'autre rive. Cela me trouble beaucoup.
Pour construire un pont, il faut, bien entendu, des piliers, et l'on
n'a des piliers que pour construire un pont. Vous ne pouvez pas
construire un pont avec un seul pilier et si, ce qu'on appelle l'Opposition, a établi ce premier pilier, ce n'est que le commencement. Je ne suppose pas que M. Hammarskjöld, ou ceux qui
pensent comme lui, aient l'intention de demeurer oisifs sur l'autre
rive tandis que nous nous débattons dans l'eau, ou qu'il faille
que l'opposition construise seule tous les piliers nécessaires.

M. HAMMARSKJÖLD (Suède). — Je crois que je voudrais
répondre à cette question tout de suite; mon intention, en faisant
cette déclaration, était de dire que le groupe auquel j'appartiens
considère qu'il a déjà construit un nombre considérable des
piliers qui sont nécessaires à l'accomplissement de la tâche que
nous avons entreprise.

PROFESSEUR NOLF (Belgique). — Ces courts débats nous
ont déjà fait entendre des choses très intéressantes. Un certain
nombre de Sociétés préconisent une Assemblée unique réunissant toutes les Croix-Rouges, c'est-à-dire que nous admettions
que, dans l'avenir, la Conférence internationale de la Croix-Rouge
ne sera plus qu'une seule et même réunion avec l'Assemblée générale de la Ligue. Il me semble que le pont dont a parlé Mr. Hammarskjöld est une construction fort intéressante, car Mr. Hammarskjöld considère que le grand défaut de l'organisation internationale de la Croix-Rouge dans le passé, c'était qu'il y avait
des Assemblées générales et le Conseil des Gouverneurs composés
en réalité des mêmes personnes et qui pouvaient à courts
intervalles prendre des décisions opposées et je crois, en effet,

que cela résulte de l'histoire de la Croix-Rouge dans ces dernières années. C'est, je crois, à cause de cela que certaines Croix-Rouges ont pensé que le Conseil des Gouverneurs devait disparaître. Je pense que si cette opinion se maintenait d'une façon formelle, ce serait un obstacle à ce que nous désirons tous: trouver une solution que nous puissions admettre tous.

Nous avons entendu aussi l'opinion d'un grand nombre de Croix-Rouges qui n'étaient pas présentes à Berne et toutes nous ont dit qu'elles voulaient que la Ligue soit dirigée dans l'avenir par son Conseil de Gouverneurs.

Il me semble que la question se résume en ceci, c'est que nous devons voir de quelle façon se règleront les activités de l'Assemblée unique et du Conseil des Gouverneurs. Si nous pouvons mettre sur pied une formule pour les rapports, dans l'avenir, de ces deux organismes — l'Assemblée unique et le Conseil des Gouverneurs — il me semble que nous serons bien prêts d'avoir trouvé une formule qui soit capable de nous mettre tous d'accord. Faut-il que nous cherchions cette formule tous ensemble, ou bien que nous chargions de cette recherche un Comité plus restreint ? Je soumets cette idée à votre appréciation. Mais peut-être, à mon avis, faudrait-il mieux que quelques-uns d'entre nous s'efforcent de trouver une formule qui puisse être acceptée par tous, et le plus gros des difficultés aura disparu.

SENATEUR CIRAOLO (Italie). — Je crois que le moment est venu de nommer une sous-commission. Je suis toutefois d'accord avec la suggestion du Professeur Nolf et j'espère que la sous-commission sera capable d'arriver à un résultat unanime très rapidement. Les Sociétés nationales ont entrepris une œuvre constructive et elles cherchent des matériaux de tous côtés. Il est très dommage qu'on ait perdu tant de temps à chercher l'unanimité pour ne trouver que la controverse. J'ai eu la bonne — ou la mauvaise fortune — de demeurer en dehors des discussions pendant les deux dernières années mais, depuis 7 ou 8 ans, j'ai étudié le problème de secours international auquel je dois mes cheveux blancs; c'est un travail qui laisse un goût désagréable.

Un certain nombre de Gouvernements — la majorité en somme — sont anxieux d'appuyer la Croix-Rouge et de devenir signataires d'une proposition tendant à la création de l'Union Internationale de Secours, et ces mêmes Gouvernements commencent à se fatiguer du spectacle que leur donne la Croix-Rouge. Il faut que nous agissions avec circonspection. On chuchote dans plusieurs chancelleries qu'il y a des difficultés entre Genève et Paris et ces difficultés trouvent des échos dans les Sociétés nationales. La Croix-Rouge aurait tort de se conduire en enfant tandis qu'il y a tant de choses utiles à faire. Voyons si le jeu en vaut la chandelle et agissons en conséquence.

Pour en revenir à Berne, il faut dire que les Sociétés ont agi pour le mieux. On a pu avoir tort ou avoir raison de réunir cette Conférence mais ce qu'on y a fait a été d'éviter une « impasse ». L'esprit était généreux. On a évité la possibilité d'une dissension intérieure de la Croix-Rouge. J'espère que la réunion actuelle fera sienne ce même esprit de Berne, bien qu'elle ne se rallie pas en totalité à ses conclusions. La base de la Conférence de Berne a été d'avoir une seule association de la Croix-Rouge; le reste n'est que procédure. Je pense qu'il sera possible de trouver ici une formule et c'est pour cela que je me rallie à la proposition du Professeur Nolf, de nommer une sous-commission. J'ai même rédigé un projet et rassemblé des notes qui pourront peut-être aider à obtenir l'unanimité, mais je me demande si je dois les communiquer, chaque proposition nouvelle n'ayant été qu'une source de complications et de difficultés. Entre temps je serai heureux de demander aux membres de la sous-commission d'examiner ces documents et de me dire s'ils pensent qu'ils peuvent leur être utiles. Les bonnes intentions exprimées ici, des deux côtés, m'ont rempli d'espoir et je crois que le pilier mentionné par M. Hammarskjö d pourra devenir le pilier central d'une belle construction.

M. KAWAI (Japon). — J'ai été heureux de noter, cet après-midi que tous les orateurs semblent anxieux de trouver une formule d'accord. La Croix-Rouge japonaise est animée de ce même esprit. Des contributions fondamentales ont été faites aujourd'hui et j'espère que la sous-commission trouvera une formule qui donnera satisfaction à tout le monde.

LE PRESIDENT. — La motion est qu'une sous-commission soit nommée. Y a-t-il des suggestions quant au nombre des membres ?

M. HAMMARSKJÖLD (Suède). — J'appuie naturellement l'idée de nommer une sous-commission puisque cela donnera l'occasion d'explorer toutes les possibilités d'un accord. Quant au nombre des membres, je crois qu'il ne devrait pas être trop grand, 5 ou 7 comme maximum semblent suffisants. Je désire déclarer, bien entendu, que le fait de nommer une sous-commission ne peut préjuger en rien des futures décisions qui pourront être prises dans la Commission ou en séance plénière. Je suis d'accord avec M. Ciraolo pour voir si le jeu en vaut la chandelle. Je propose que la sous-commission soit composée de 5 membres.

LE PRESIDENT. — Si telle est l'intention du Conseil, je crois très important que le nombre des membres soit assez grand pour permettre la représentation de tous les points de vue exprimés cet après-midi. Il me semble que 7 membres seraient mieux que 5.

M. HAMMARSKJÖLD (Suède). — Je n'ai pas d'objection.
La proposition mise au vote est adoptée.
LE PRESIDENT. — La proposition est adoptée, le Bureau propose les noms suivants :

MM. Nolf (Belgique).
     Hammarskjöld (Suède).
     Sir Edward Stewart (Grande-Bretagne).
     Athanasaki (Grèce).
     Draudt (Allemagne)·
     Garino (Argentine).
     S. E. M. Geoffray (France).

M. GEOFFRAY France). — Je serais heureux d'être remplacé par M. Nolf.

M. HAMMARSKJÖLD (Suède). — Je n'ai aucune objection à faire aux noms proposés, mais je suggère que le Président fasse partie de notre sous-commission et que nous ayons également l'assistance de M. Thiébaut.

PROFESSEUR NOLF (Belgique). — Faut-il que nous soyons 7? Nous pourrions demander à M. Ciraolo de se joindre à nous. Cette sous-commission n'aura pas de pouvoir délibératif et nous voulons seulement rédiger un texte, ce que huit peuvent faire aussi bien que sept.

LE PRESIDENT. — Ce n'est pas un Comité de rédaction puisque nous ne sommes pas encore arrivés à un accord. La sous-commission devra suggérer une formule.

M. CONILL (Cuba). — J'appuie la proposition de M. Hammarskjöld, que le Président fasse partie de la sous-commission.

LE PRESIDENT. — Je crois que Sir Edward Stewart devrait être présent. M. Geoffray fait remarquer qu'il doit assister à la Commission des Finances et devrait être excusé. La Croix-Rouge française a nommé M. Thiébaut pour assister à cette session et je ne vois aucune raison pour qu'il ne remplace pas M. Geoffray.

SIR EDWARD STEWART (Grande-Bretagne). — Je fais aussi partie de la Commission des Finances.

LE PRESIDENT. — Quant à moi, cela ferait 8. Je ne crois pas que cela ait de l'importance et, par conséquent, si le Conseil est d'accord, la Commission sera composée comme suit :

MM. Nolf (Belgique).

> Hammarskjold (Suède).
> Sir Edward Stewart (Grande-Bretagne).
> Athanasaki (Grèce).
> Garino (Argentine).
> Draudt (Allemagne).
> Geoffray ou Thiébaut (France).
> le Président.

Et M. Ciraolo ?

LE SENATEUR CIRAOLO (Italie). — Je crois que j'ai du travail à la 3ᵉ commission. Je ne sais pas si je pourrai combiner les deux.

LE PRESIDENT. — Alors nous ne vous nommerons pas membre, mais nous serons très heureux si vous voulez bien soumettre vos vues à la sous-commission.

M. CONILL (Cuba). — Cela veut-il dire que la première commission cessera d'exister ? N'y aura-t-il plus de réunion de cette commission ?

LE PROFESSEUR NOLF (Belgique). — La sous-commission devra commencer ses travaux aussitôt que possible ; elle pourra alors soumettre ses propositions à la Commission plénière.

LE PRESIDENT. — Le Prof. Nolf a suggéré que la sous-commission se réunisse à 9 heures et que la Commission plénière siège à 10 h. 30. Quel est votre avis ?

M. THIEBAUT (France). — Il me semble qu'étant donné la difficulté de notre tâche, 1 h. 30 est bien court.

LE PRESIDENT. — Que suggérez-vous ?

M. THIEBAUT (France). — Tout ce qui donnera satisfaction à mes collègues, mais j'en appelle à vous, M. le Président, pour vous demander si vous ne trouvez pas que le délai qui nous est octroyé est bien court ?

M. KAWAI (Japon). — Je vois à l'ordre du jour plusieurs autres questions d'importance et il sera difficile de les résoudre rapidement. Je propose donc que le temps additionnel nécessaire à la sous-commission soit consacré à l'étude de ces points, par la commission plénière.

LE PRÉSIDENT. — Il y a, en effet, plusieurs questions importantes. Le Comité exécutif a passé la journée d'hier tout entière à étudier la réorganisation intérieure de la Ligue. Nous n'avons pas de Directeur général et nous avons demandé à différentes sociétés de nous faire des propositions· Il y a maintenant 16 candidatures qui nous sont soumises. Mais, récemment, le Directeur général par intérim, M. Bicknell, a suggéré au Comité administratif composé de MM. Geoffray, Draudt et Conill qu'en vue des circonstances, il serait peut-être sage d'abolir le poste de Directeur général et de nommer un ou plusieurs vice-présidents, parmi les membres du Conseil. Cette proposition a été accueillie avec enthousiasme en particulier par la Croix-Rouge française et, quand je suis arrivé ici, j'ai trouvé une recommandation dans ce sens.

A la réunion du Comité exécutif d'hier nous avons discuté longuement cette question et décidé de recommander au Conseil d'abolir le poste de Directeur général, puis de nommer 3 vice-présidents en tenant compte des divisions géographiques, l'idée étant d'avoir un représentant de l'Amérique latine, de l'Europe et de l'Orient. Telle est l'une des questions que la Commission doit étudier. Une autre comporte également la création d'un poste de Conseiller et la nomination d'un Secrétaire général chargé de l'administration du Secrétariat, c'est-à-dire de la tâche qui a été dévolue jusqu'à présent au Directeur général. Vous voyez donc qu'il y a encore beaucoup de travail pour les autres membres de la Commission qui se réunit à 10 h. 30, comme il est proposé.

Il est donc entendu que la sous-commission se réunira demain matin à 9 heures et la commission plénière à 10 h. 30.

La séance est levée à 18 heures.

DEUXIÈME RÉUNION DE LA PREMIÈRE COMMISSION

Jeudi 5 mai 1927
10 heures

Présents : Tous les membres à l'exception des membres de la sous-commission et du sénateur Cirolo.

(Le Président de la première Commission siège avec la sous-commission).

Lady NOVAR (Australie). — Je propose que le général Mannerheim préside notre session en l'absence de M. Payne.

M. BICKNELL, *Directeur général par intérim.* — Comme il n'y a pas d'opposition, il est décidé que le général Mannerheim présidera ce matin la première commission. Une des questions que la première commission devra discuter est une proposition adoptée par le Comité exécutif à sa réunion du 2 mai concernant l'organisation intérieure du Secrétariat de la Ligue et de la Ligue elle-même. Ce sera peut-être le moment pour la première commission de discuter le développement de la proposition du Comité exécutif, à moins que la Commission préfère décider si elle veut s'occuper de cette question immédiatement ou attendre.

LE PRESIDENT par intérim. — La décision prise hier dans cette Commission était que nous étudiions cette question sans attendre la fin des travaux de la sous-commission. Nous pouvons donc commencer la discussion tout de suite, si tel est votre désir.

M. BICKNELL. — Les membres de la commission ont en leur possession le document contenant la résolution du Comité exécutif prise le 2 mai et joint à ce document le projet d'amendements des statuts et du règlement intérieur qui sera nécessaire si cette résolution est adoptée par le Conseil.

M. COLD (Danemark). — Je désire faire une remarque personnelle. Une partie de cette Commission est dans une pièce à côté et discute si la Ligue doit continuer sous sa forme présente ou si elle doit être changée. Il me semble donc prématuré de discuter des choses en présupposant que la Ligue doit continuer telle quelle.

M. GEOFFRAY (France). — Il me semble qu'il ne s'agit ici que
d'une question d'administration intérieure et notre discussion ne
sera pas affectée par les décisions de la sous-commission. La Ligue
continuera à exister et cette commission n'a pas pour mandat de
prendre des décisions, mais seulement de faire un rapport à la
séance plénière. Entre temps si les décisions de la sous-commission affectent l'organisation intérieure, il sera toujours possible
de changer le rapport en conséquence. J'estime que nous ne devons
pas perdre de temps ni prolonger indûment la session.

LE PRESIDENT par intérim. — Les résolutions de Berne portent précisément sur cette question de l'existence du Conseil des
Gouverneurs. C'est la pierre angulaire de toute la question.

M. GEOFFRAY (France). — D'après la discussion d'hier il pa-
rait plus que probable que le Conseil des Gouverneurs ne sera pas
aboli et je demande que nous n'attendions pas le retour des autres
membres pour continuer la discussion. Y a-t-il autre chose que nous
puissions étudier ?

M. BICKNELL. — Puis-je faire une suggestion. Serait-il possible
de gagner du temps en expliquant ce que ce projet comporte ? Je
puis me contenter d'exposer la question et il n'est pas nécessaire
que la Commission prenne des décisions. Notre temps est limité
et il serait bon que la Commission comprenne de quoi il s'agit, d'autant plus qu'il ne paraît pas y avoir rien d'autre d'urgent dont la
Commission puisse s'occuper en ce moment.

LE PRESIDENT par intérim. — Etes-vous d'accord avec la
proposition du directeur général ? (*Assentiment*).

M. BICKNELL. — Le Comité exécutif a adopté en juillet 1926
une résolution créant un Comité appelé le Comité administratif. Ce Comité avait pour devoir d'envisager le choix d'un
directeur général comme successeur à Sir Claude Hill. Je
n'étais ici qu'à titre temporaire. Ce Comité administratif
comprenait M. Geoffray, président, le colonel Draudt et
M. Conill. On a recherché des candidatures pour ce poste et des
lettres ont été envoyées aux sociétés nationales les invitant à
proposer des noms. Le résultat est que nous avons reçu 16 candidatures. Lorsque cette longue liste de noms a été présentée au
Comité administratif, des difficultés ont naturellement surgi. En
même temps, le Directeur général par intérim, moi-même, ayant
été chargé de l'organisation du Secrétariat pendant plusieurs mois,
et ayant étudié très attentivement la situation, était arrivé à la

conclusion qu'on pourrait peut-être adopter un plan meilleur. J'ai donc présenté au Comité administratif une proposition comportant certains changements désirables. Avec votre permission, je vais vous expliquer ce qui a motivé ma proposition.

Au moment de l'établissement de la Ligue à Genève, nous avions un personnel beaucoup plus important. Il était nécessaire, à cette époque, d'avoir un Directeur général et un Secrétaire général, tous deux chargés de pouvoirs exécutifs importants et recevant des appointements assez élevés. Mais l'expérience des dernières années a permis de réduire le personnel si bien qu'il compte aujourd'hui à peu près 90 membres, un tiers de ce qu'il était à Genève. Il semble tout à fait inutile aujourd'hui de conserver à la fois un Directeur général et un Secrétaire général. En fait, les fonctions du Secrétaire général ont été remplies complètement par le Directeur général si bien que le Secrétaire général lui-même n'a pas eu à s'occuper, pendant ces dernières années, d'aucune des fonctions qui sont habituellement attribuées à ce poste. D'autre part, je crois que le titre de Directeur général n'est pas très adequat dans le Secrétariat de la Ligue des Sociétés de la Croix-Rouge. Depuis près d'un an je remplis les fonctions de Directeur général et je suis convaincu qu'à ces fonctions s'attache beaucoup mieux le titre de Secrétaire général. J'ai donc proposé au Comité administratif d'abolir le poste de Directeur général et que les fonctions exécutives soient transférées au Secrétaire général. De cette façon nous accomplirons deux choses importantes : d'abord nous simplifierons l'organisation du Secrétariat et ensuite nous ferons des économies.

Il existe dans l'organisation de la Ligue une position entre le président et le secrétaire qui pourrait être occupée par un vice-président. Le Comité exécutif m'a nommé temporairement vice-président, mais il me semble que dans une institution de l'importance de la Ligue, il devrait y avoir au moins un vice-président permanent qui pourrait assurer des fonctions très importantes. Le Président actuel est le Juge Payne, mais il est nécessaire de se rappeler que l'universalité des opérations de la Ligue et les ramifications très vastes de son travail rendent indispensable l'existence d'une personne qui puisse aider le Président à s'occuper des vastes intérêts de notre organisation. Le Secrétaire général sera fort occupé ici et sera continuellement à son bureau. Mais il me semble que nous avons besoin de quelqu'un qui ne soit pas lié par des devoirs exécutifs qui l'astreignent à rester à son bureau, mais qui lui permettent, au contraire, de voir le mouvement de la Croix-

Rouge d'un peu haut et de l'étudier dans son ensemble. Le Secrétaire général ne peut le faire parce qu'il manque de temps. Le vice-président sera très important dans cette fonction. Il s'occuperait également du Secrétariat dont il aurait la surveillance et il devrait pouvoir en référer au Président pour les questions importantes.

Lorsque j'ai fait cette proposition au Comité administratif, elle a été adoptée après discussion. Présentée ensuite au Comité exécutif et étudiée d'une manière approfondie, elle a été également adoptée unanimement et recommandée à l'approbation du Conseil. Après réflexion, il a été suggéré que nous pourrions avoir 3 vice-présidents représentant très largement les divisions géographiques du monde, dont l'un pour l'Amérique du Sud qui compte tant de membres parmi la Ligue.

Le Comité exécutif a donc décidé qu'il y aurait 3 vice-présidents de rang égal qui présideraient successivement les réunions de la Ligue en l'absence du Président et que le Président choisirait parmi ces vice-présidents celui qui sera chargé des fonctions que je viens de décrire. Je serai heureux de répondre à vos questions.

LE PRESIDENT par intérim. — Je remercie M. Bicknell pour son intéressant exposé, mais je crois qu'il sera difficile d'ouvrir la discussion, parce qu'elle porte sur un point autour duquel la discussion qui se poursuit dans la pièce à côté s'appuie tout entière. Nous savons que plusieurs sociétés sont liées par cette discussion et ne pourraient participer au débat. Cela peut faire gagner du temps, mais aussi en perdre. Je ne pourrai pas me charger de présider une discussion qui pourrait affecter quelque chose qu'une décision de la sous-commission pourrait immédiatement changer. Avez-vous une autre solution à proposer ?

M. CONILL (Cuba). — Pourrions-nous formuler une recommandation ?

LE PRESIDENT par intérim. — Mais tout dépend du Conseil des Gouverneurs et le plan intéressant que vient d'exposer le directeur général par intérim repose directement sur l'existence du Conseil des Gouverneurs. Ce serait une perte de temps.

M. GEOFFRAY (France). — Si la décision doit être ajournée, il y en a une autre, soulevée dans la Commission de Finances, que nous pourrions traiter. C'est celle concernant cet immeuble. On nous a dit à la Commission des Finances que le Comité exécutif s'occuperait du bail de 15 Manchester Square, mais qu'on n'avait rien fait pour le siège du Secrétariat. Nous ne nous en sommes pas occupés au Comité des finances, car c'était une question d'administration intérieure, mais je ne le vois pas mentionné à l'ordre du jour et je crois la chose urgente. Le bail de Manchester Square expire en 1931, mais celui de l'avenue Vélasquez expire en 1928 (septembre) et il est donc nécessaire que le Conseil prenne cette question en considération aussitôt que possible. En France, et plus particulièrement à Paris, ces questions de bail sont hérissées de difficultés. A moins que nous ne renouvelions notre bail au bon moment, c'est-à-dire longtemps à l'avance, le loyer sera considérablement augmenté. Je suggère donc que le Conseil adopte une résolution autorisant le Secrétariat à entrer en négociation avec les propriétaires de cet immeuble. Bien que la question ne soit pas à l'odre du jour, je la crois très urgente.

MARQUIS DE CASA VALDES (Espagne). — Quelles sont les conditions de location et qu'a-t-on fait pour le renouvellement du bail ?

M. GEOFFRAY (France). — Le loyer est de 58.000 francs par an ; le bail a été signé en 1924 et nous pouvons, par conséquent, envisager une augmentation considérable. Les négociations ont été suspendues parce qu'il y a un procès entre les héritiers de la propriété, mais l'affaire n'est plus actuellement devant les tribunaux et on peut peut-être faire quelque chose. Si nous n'agissons pas rapidement, nous nous verrons peut-être obligés de payer un prix exhorbitant.

Le PRESIDENT par intérim. — Le directeur général par intérim peut peut-être nous donner son avis ?

M. BICKNELL. — La Société à laquelle appartient l'immeuble a eu tellement de difficultés avec les héritiers et les tribunaux que personne n'était qualifié pour entrer en pourparlers ; mais le procès est fini et je suis d'accord avec la Commission des Finances pour que nous ne perdions pas de temps.

Pour ce qui concerne le bail de Londres, le Comité exécutif a déjà chargé le Secrétariat d'entrer en négociations et on peut espérer qu'il n'y aura pas de difficultés.

Je devrais ajouter que cet immeuble est très satisfaisant et très commode. On s'est demandé à un certain moment si la maison était assez grande, mais elle semble tout à fait satisfaisante.

MARQUIS DE CASA VALDES (Espagne). — La Commission pourrait recommander au Conseil que le Secrétariat entre en rap-

port avec les propriétaires aussitôt que possible en vue d'établir
un nouveau bail aux meilleures conditions et le Conseil pourrait
même mentionner un chiffre maximum.

M. BICKNELL. — Le Comité exécutif se réunira probablement
en juillet et l'on pourrait peut-être charger le Secrétariat de faire
part au Comité exécutif des progrès des négociations. On pourrait
laisser au Comité exécutif le soin de prendre les décisions nécessaires.

M. GEOFFRAY (France). — Je suis tout à fait d'accord avec
M. Bicknell parce que je crois que si le Conseil des Gouverneurs
fixait un prix maximum et que les propriétaires ne l'acceptent pas,
nous serions dans une impasse et nous ne pourrions pas réunir le
Conseil de nouveau. Le mieux est de demander au Secrétariat de
négocier et de laisser au Comité exécutif le soin de prendre une
décision en juillet.

LE PRESIDENT par intérim. — Les difficultés mentionnées
par M. Geoffray sont très compréhensibles et nous les présenterons
à la Commission quand tous les membres seront présents. Y a-t-il
d'autres questions à l'ordre du jour ?

Général ROËLL (Pays-Bas). Puis-je poser quelques questions
au sujet de ce document *(voir à la fin du volume l'annexe II)*. Il y
a une modification à l'article 5 ainsi conçue :

« Le Conseil des Gouverneurs nommera un président choisi
parmi ses membres et *trois vice-présidents* qui resteront en fonctions pour une période de deux ans, à partir de la date de leur
élection. Ils seront rééligibles. »

Cela veut dire que les vice-présidents ne sont pas nécessaire-
ment choisis parmi les membres du Conseil ?

(En réponse au général Roëll, il est expliqué qu'il y a une
erreur de rédaction dans le texte français ; le texte anglais est
correct et indique clairement que les vice-présidents doivent être
choisis par le Conseil).

M. GEOFFRAY (France). — En discutant cette question au
Comité administratif nous ne nous sommes occupés d'abord que
d'un seul vice-président ; ce chiffre a ensuite été porté à 3, mais
nous avons toujours envisagé qu'ils seraient pris parmi le Conseil.
Ce n'est qu'une erreur de rédaction.

Général ROËLL (Pays-Bas). — Il y a une erreur similaire
dans l'article se référant au Comité exécutif, mais ici l'erreur
s'applique aux deux langues. L'article est ainsi conçu :

114

« Que le Comité exécutif sera composé du président et des vice-
présidents du Conseil des Gouverneurs, qui seront également président et vice-présidents respectivement du Comité exécutif, et de
six membres nommés par le Conseil des Gouverneurs... »

On devrait lire, bien entendu :

« Et six membres du Conseil des Gouverneurs nommés par le
Conseil... »

Il y a une autre question. Page 2, l'article 5 dit :

« Lorsqu'un membre du *Comité exécutif* se trouve dans l'impossibilité d'assister à une réunion quelconque, il peut déléguer
ses pouvoirs soit à suppléant, soit à un autre membre du Comité ».

Ce remplaçant doit-il être aussi un membre du Conseil des
Gouverneurs, ou peut-il être pris en dehors ?

M. GEOFFRAY (France). — Voici la pratique. Lorsqu'un membre du Conseil ne peut assister il est remplacé par quelqu'un n'appartenant pas au Conseil. Ainsi lorsque M. Conill est absent, il est
remplacé par un membre de la Légation de Cuba à Paris, qui n'est
pas gouverneur. Il serait difficile de trouver un gouverneur pour
remplacer les absents puisque les Gouverneurs sont dispersés dans
le monde entier et que leur nombre est forcément limité. Bien
entendu, les membres du Conseil peuvent être représentés par
leurs collègues. En ce moment, par exemple, je représente mon
collègue de Roumanie et je vote pour lui.

M. CONILL (Cuba). — J'ai assisté à toutes les réunions du Comité exécutif la semaine dernière et il a été clairement entendu
qu'on se propose de choisir les vice-présidents parmi les membres
du Conseil. Quant aux délégations, le remplaçant peut être nommé
par le Gouverneur absent et comme l'a dit M. Geoffray, c'est ce
que j'ai fait l'année dernière.

M. GEOFFRAY (France). — A une autre réunion M. Athanasaki
était malade ; le colonel Draudt l'a remplacé et a voté pour lui. Il
y a donc deux alternatives.

M. CONILL (Cuba). — Toutes deux prévues dans les Statuts.

LE PRESIDENT par intérim. — S'il n'y a pas d'autres questions je propose d'ajourner.

M. BICKNELL. — M. Briand, Ministre des Affaires Etrangères,
a invité les membres du Conseil à prendre le thé au Quai d'Orsay
à 17 heures. Des automobiles transporteront les gouverneurs et
seront ici à 16 h. 45.

La séance est levée à midi.

TROISIÈME RÉUNION DE LA PREMIÈRE COMMISSION

VENDREDI 6 MAI 1927
11 H. 40

Présidence de l'Honorable John Barton Payne.

LE PRESIDENT. — Messieurs, la sous-commission que vous avez nommée a travaillé avec ardeur, patience et bonne volonté dans un effort pour arriver à un accord. Nous n'avons pas obtenu l'accord unanime et je vous dirai les résultats plus tard. Afin de vous donner un exposé très clair de la suite des évènements, je vous dirai que le Président a présenté hier une courte proposition dont je vous donnerai tout d'abord lecture. Après l'avoir étudiée M. Hammarskjöld a proposé des amendements. Ces amendements ont été longuement discutés et ce matin le Prof. Nolf a présenté des amendements à ces amendements et l'on a discuté longuement ses suggestions. Deux des suggestions du Prof. Nolf ont été acceptées ; l'une intégralement par la majorité et l'autre avec une petite modification que j'ai suggérée. D'abord, pour être clair, je vais lire mes propositions d'hier ; puis je demanderai à M. Hammarskjöld de lire les amendements qu'il a proposés. Je lirai ensuite ceux du Prof. Nolf incorporés, ce qui constitue l'ensemble du rapport de la majorité de la Commission.

D'abord la proposition que j'ai présentée :

1. Une Conférence internationale unifiée sera convoquée tous les quatre ans. Elle gardera le caractère consultatif qu'elle possède actuellement.

2. Le Conseil des Gouverneurs de la Ligue se réunira en session régulière tous les deux ans. Le Comité exécutif garde le droit de convoquer des sessions extraordinaires du Conseil.

3. Une session sur deux du Conseil des Gouverneurs sera incorporée dans la Conférence internationale.

4. Le Comité exécutif de la Ligue sera composé de neuf ou dix membres et exercera les pouvoirs conférés au Conseil des Gouverneurs dans l'intervalle des sessions de celui-ci.

5. Un Conseil, composé de neuf membres, nommé par la Conférence internationale ainsi qu'il est prévu dans les dispositions de Berne, sera chargé de préparer l'ordre du jour des Conférences internationales, de convoquer celles-ci, enfin d'examiner et de trancher les questions qui lui seraient soumises relativement aux conflits ou aux divergences survenant entre le Comité International et la Ligue. Ce conseil se réunira à Genève. Ses présidents, secrétaires et membres ne recevront aucune indemnité.

6. Le Comité International et la Ligue gardent leur indépendance, leur direction autonome, leurs statuts et leur règlement intérieur, sauf en ce qui concerne les changements résultant des résolutions précédentes.

LE PRESIDENT. — Peut être que M. Hammarskjöld voudrait prendre la parole ?

M. HAMMARSKJÖLD (Suède). — Le Président me demande de prendre la parole alors que pour ce qui le concerne il s'est contenté de lire ses propositions originales. Je suppose qu'il désire que j'expose mes objections à ces propositions sans que je parle de mes contre-propositions.

LE PRESIDENT. — Non, ce que j'essaie de faire c'est de donner au Conseil une image des propositions concrètes que nous avons étudiées ; nous pourrons ensuite entrer dans la discussion. Je désirerais que vous lisiez vos amendements.

M. HAMMARSKJÖLD (Suède). — Je les lirai donc sans explications. Le texte amendé du Juge Payne est le suivant :

1. Une conférence internationale unifiée, à convoquer tous les quatre ans ; cette conférence aura des pouvoirs délibératifs et législatifs, étant entendu qu'en ce qui concerne les questions exclusivement de Croix-Rouge, les délégués gouvernementaux s'abstiendront. Elle sera l'organe principal de la Croix-Rouge internationale.

2. Le Conseil des Gouverneurs se réunira en session ordinaire tous les deux ans, le droit de convoquer des sessions extraordinaires étant réservé.

3. Toutes les deuxièmes sessions du Conseil des Gouverneurs se réuniront en même temps que les sessions de la conférence et feront partie intégrante de celle-ci. Les sessions du Conseil se réunissant en dehors des conférences seront empêchées par des dispositions statutaires de prendre des décisions sur des questions déjà

tranchées par la conférence plénière ou inscrites à l'ordre du jour d'une session prochaine de la conférence.

4. Comme dans le projet Payne.

5. Comme dans le projet Payne, sauf la question de rémunération qui reste réservée.

6. Comme dans le projet Payne, sauf modifications de détail.

Note. — Le point 1 implique, bien entendu, la création d'une véritable Croix-Rouge internationale ; la formule constitutive pourrait se rapprocher de celle employée par le sénateur Ciraolo dans son article 1er et devrait en tout cas exprimer l'idée que la Croix-Rouge internationale est constituée par les sociétés nationales qui la composent, mais avec l'utilisation, en tant qu'organes exécutifs, du Comité international de Genève et de la Ligue.

LE PRESIDENT. — Les deux amendements du Prof. Nolf aux amendements de M. Hammarskjöld sont les suivants :

« La Conférence internationale unifiée possédera des pouvoirs délibératifs. Toutefois, elle ne pourra prendre aucune décision qui lie le Comité ou la Ligue sauf en ce qui concerne les points mentionnés ci-dessus relatifs aux convocations. »

J'ai proposé d'amender cette clause de la façon suivante :

« La Conférence internationale unifiée possédera des pouvoirs délibératifs sans pouvoir prendre aucune décision relative aux statuts ou à l'organisation de la Ligue des Sociétés de la Croix-Rouge ou du Comité international de la Croix-Rouge. »

La deuxième clause du Professeur Nolf a été acceptée telle quelle : la voici :

« Dans les sessions du Conseil qui ne coïncident pas avec les conférences internationales, le Conseil ne prendra de décision sur aucun objet étranger au programme de la Ligue des Sociétés de la Croix-Rouge. »

Je vais lire maintenant la proposition de la majorité dans son entier.

1. Une Conférence internationale unifiée sera convoquée tous les quatre ans ; elle possédera des pouvoirs délibératifs, sans pouvoir prendre aucune décision relative à l'organisation ou aux statuts du Comité international ou de la Ligue.

2. Le Conseil des Gouverneurs de la Ligue se réunira en session régulière tous les deux ans. Le Comité exécutif garde le droit de convoquer des sessions extraordinaires du Conseil.

3. Une session sur deux du Conseil des Gouverneurs fera partie
de la Conférence internationale. Dans les autres sessions, le Conseil ne prendra de décision sur aucun objet étranger au programme
de la Ligue des Sociétés de la Croix-Rouge.

4. Le Comité exécutif de la Ligue sera composé de neuf ou dix
membres et exercera les pouvoirs conférés au Conseil des Gouverneurs, dans l'intervalle des sessions de celui-ci. Il siègera en
principe trois fois par an.

Je crois que M. Hammarskjöld a demandé qu'on ajoute ici :
« siègera tous les quatre mois ». (*Assentiment*).

5. Un Conseil, composé de neuf membres, nommé par la Conférence internationale ainsi qu'il est prévu dans les dispositions de
Berne, sera chargé de préparer l'ordre du jour des Conférences
internationales, de convoquer celles-ci, enfin d'examiner et de
trancher les questions qui lui seraient soumises relativement aux
conflits ou aux divergences survenant entre le Comité international
et la Ligue.

Ce Conseil se réunira à Genève. Ses présidents, secrétaires et
membres ne recevront aucune indemnité.

6. Le Comité international et la Ligue gardent leur indépendance, leur direction autonome, leurs statuts et leur règlement intérieur, sauf en ce qui concerne les changements résultant des résolutions précédentes. »

Tel est le rapport. Le vote de la sous-commission a été de 7 contre 2. On a discuté sur la question de savoir si le sénateur Ciraolo
avait accepté d'être membre de la Commission ; il a voté parmi
les 7. Si la sous-commission était de 8 membres, le vote serait de
6 à 2.

La question est entre vos mains.

M. HAMMARSKJÖLD (Suède). — Je pense qu'il incombe comme
un devoir au membre de la sous-commission que vous avez insti-
tuée et qui a fait les contre-propositions qui se trouvent maintenant devant vous et que je vous prie, dès maintenant, de considérer comme des contre-propositions au rapport de la majorité,
il lui incombe, dis-je, d'expliquer pourquoi il ne peut considérer
possible pour lui d'accepter le rapport de la majorité et pourquoi
il a cru nécessaire de faire des contre-propositions, modifiées.

Je pourrais être extrêmement bref en indiquant en quelques
points le détail des dispositions du rapport de la majorité qui
m'empêchent de m'y rallier. Je pourrais également être extrême-

ment long en vous faisant comprendre très en détail ce qui se trouve derrière mon attitude. Mais je crois que la chose la plus pratique pour le moment, c'est de choisir une voie intermédiaire en prenant quelques points et en développant ces points contraires avec les détails indispensables. Le point principal qui m'empêche de me rallier au rapport de la majorité, c'est que ce rapport n'aboutit pas à créer une réelle Croix-Rouge internationale. Ce vice du rapport reste dans plusieurs de ses dépositions. Je mentionne spécialement celle qui prévoit que les pouvoirs délibératifs de la Conférence soi-disant unifiée, seront limités de telle façon que la Conférence n'aura rien à dire sur les questions d'organisation, soit du Comité, soit de la Ligue. Cela, en effet, présuppose des pouvoirs restreints dans ce domaine ; mon sentiment est qu'ainsi la Croix-Rouge internationale n'existe pas. Cela présuppose qu'il y a des pouvoirs qui restent ailleurs. En effet, le Conseil des Gouverneurs sera, ni plus ni moins, qu'une Conférence spéciale de la Ligue comme opposée à la Conférence générale de la Croix-Rouge. Voilà le phénomène qui nous empêche de nous rallier à ces propositions parce que l'on crée ainsi une possibilité de conflit entre les deux organismes dans le sein de la Croix-Rouge internationale. Or c'est pour éviter cette possibilité que l'on fait, depuis cinq ans, les efforts que vous savez. Pour nous, le Conseil des Gouverneurs se réunissant dans l'intervalle des conférences devrait être une émanation, une commission de la Conférence avec tout ce que cela implique. Au contraire, dans le rapport de la majorité, cela devient une conférence à part avec des pouvoirs en partie différents des pouvoirs de la conférence et, par conséquent, avec la possibilité d'aller à l'encontre des décisions de la Conférence de la Croix-Rouge.

Pour remédier aux inconvénients insurmontables à mon sens, qui résulteraient de la non-acceptation du principe de la Croix-Rouge internationale unique, je me permets de proposer trois amendements au projet du Juge Payne, trois propositions qui sont maintenant incorporées dans les contre-propositions dont vous êtes saisis. Ces amendements qui, pour nous, constituent des conditions *sine qua non* pour l'acceptation du projet du Juge Payne, sont les suivants :

D'abord la déclaration formelle que la Croix-Rouge internationale est constituée, existe, ensuite la concentration entre les mains d'une conférence réellement unifiée de tous les pouvoirs délibératifs dans le sens de la Croix-Rouge internationale. J'avais cru entendre de la part de l'opposition, que des objections sur ces derniers

points qui avaient été exprimées dans le sein de la sous-commission, provenaient surtout d'une crainte de voir intervenir les délégués gouvernementaux qui siègent dans la conférence unifiée,
dans les affaires purement de Croix-Rouge. Pour donner tous apaisements et demeurer d'accord non seulement avec l'esprit de Berne,
mais même avec le texte de Berne, j'ai dit qu'il serait entendu que
lorsque la Conférence s'occuperait de questions concernant exclusivement la Croix-Rouge, les délégués gouvernementaux s'abstiendraient. Telle était notre attitude. Elle a été mal comprise, c'est
pourquoi je me permets de le répéter ; en matière purement de
Croix-Rouge, les Gouvernements, par l'intermédiaire de leurs délégués n'auraient pas le droit d'intervenir.

La 3e condition était la suivante : Il fallait empêcher la Commission de la Conférence, appelée Conseil des Gouverneurs, lorsqu'elle se réunissait entre les sessions de la conférence, de prendre
des décisions allant à l'encontre, cassant les décisions antérieures
prises par la Conférence elle-même. Cette condition était nécessaire pour éviter que se répète certain phénomène que nous avons
vu se produire dans le passé et que nous ne voulons pas voir se reproduire, et cela pour le plus grand bien de la Croix-Rouge. Sur
ce point, le Docteur Nolf avait fait un sous-amendement tendant à
ce que le Conseil des Gouverneurs lorsqu'il se réunirait entre les
sessions de la Conférence aurait des pouvoirs délibératifs seulement sur les points tombant dans le programme de paix de la Conférence internationale, en d'autres termes, seulement dans le domaine de la Ligue. Je ne peux pas me rallir à cet amendement pour
deux motifs, également importants tous les deux. Le premier c'est
qu'en faisant, ainsi, une différence entre les pouvoirs du Conseil
des Gouverneurs dans le domaine de l'activité de paix et dans les
autres domaines, on allait à l'encontre de l'idée de l'unité de la
Croix-Rouge. Pour nous, il était indispensable que la Conférence
et que toutes les émanations de la conférence quelles qu'elles fussent, eussent les mêmes pouvoirs dans les branches de la Croix-
Rouge.

L'autre motif, c'est que, selon le sous-amendement du Docteur
Nolf, on arriverait, à mon sens, à suivre une pente fatale, en résuscitant les deux conférences, d'un côté la Conférence générale de la
Croix-Rouge, de l'autre, la conférence qui est le Conseil des Gouverneurs de la Ligue. C'est précisément la coexistence de l'Assemblée de la Croix-Rouge internationale d'un côté et de l'autre, de la
Conférence de la Ligue, qui a produit la situation que nous considérons comme intenable et que nous nous sommes efforcés depuis

deux années d'améliorer dans l'intérêt de toutes les Croix-Rouges
et que nous sommes fermement décidés à éviter pour l'avenir.

Si, à mon sens, on dépouille le rapport de la majorité de ses
apparences, on arrive, en dernière analyse à voir qu'il ne s'agit que
de retourner au statu quo de 1921. Qu'est-ce qui s'est passé en 1921 ?
On a alors créé une Commission mixte pour régler les questions en
discussion entre le Comité international et la Ligue. Cette situation
a formé le point de départ même pour les décisions de 1923 selon
lesquelles les Sociétés nationales travaillaient à la création d'une
Croix-Rouge internationale unique.

Il est parfaitement vrai que techniquement le projet de la majorité apportait des améliorations aux moyens techniques qui exis-
taient en 1921, mais cela ne suffit pas. On pourrait être tenté de
retracer le bilan des concessions faites de la part du groupe de
Sociétés auxquelles j'ai l'honneur d'appartenir, dans le courant de
ces années, afin d'arriver à une solution unanime du problème qui
nous occupe ; cependant, je crois qu'on ne doit pas le faire parce
que le temps peut être plus utilement employé à une discussion sur
les deux points en présence desquels nous nous trouvons. Je veux
seulement dire ceci : que la période des concessions en ce qui nous
concerne est finie parce que, si nous allions plus loin, nous arri-
verions, c'est notre conviction profonde, à aller à l'encontre des
buts mêmes que nous poursuivons depuis si longtemps.

Nous considérons la création d'une Croix-Rouge internationale
unique comme une chose considérable. Nous ne voulons pas collaborer à une œuvre que nous considérons néfaste. Nous prendrons,
comme je vous l'ai dit tout à l'heure, les mesures nécessaires pour
éviter, en ce qui nous concerne, les inconvénients de la situation
qui s'en suivraient.

Avant de finir, revenant à ce que j'ai dit l'autre jour, je tiens à
rappeler que le bilan des concessions a été unilatéral, je tiens à dire
que cela n'est plus ainsi depuis les deux jours pendant lesquels ont
été poursuivis les travaux de la sous-commission, parce que, au
cours de ces deux journées, si M. le Juge Payne a fait des concessions importantes par rapport à son point de départ, —je suis le
premier à rendre un hommage, l'hommage le plus chaleureux dont
je sois capable à l'esprit qui a inspiré ces concessions — j'ai le
regret de dire en même temps que ces concessions ne suffisent pas
à nous donner les apaisements dont nous avons besoin, en bonne
conscience, pour arriver à la conclusion de faire une bonne œuvre
dans l'intérêt et dans l'avenir de la Croix-Rouge.

Professeur NOLF. — Je crois que vous trouvez cette session un peu longue. Mais je pense que vous serez heureux d'entendre quelques explications sur les résolutions auxquelles est arrivée votre sous-commission.

Je serai très bref, mais je tiens à répondre aux points sur lesquels a insisté M. Hammarskjöld. Il a dit que, si nos conclusions étaient adoptées, non seulement elles ne réaliseraient pas l'unité des Croix-Rouges, mais encore qu'elles étaient un obstacle à cette Unité. Permettez-moi de n'être pas de cet avis. Il faut évidemment que la Croix-Rouge internationale émane de l'ensemble des Sociétés nationales de Croix-Rouge et qu'elle tienne ses pouvoirs de ces Sociétés ; nous sommes d'accord, c'est d'ailleurs pour cela que j'avais proposé un amendement à une proposition qui avait été faite, de reconnaître à la Conférence internationale des pouvoirs consultatifs, que j'avais proposé de lui accorder des pouvoirs délibératifs. Seulement, nous ne nous trouvons pas devant une situation nette. Nous nous trouvons en présence d'une situation troublée de la Croix-Rouge internationale qui est en conflit intérieur.

La question était de sortir de la meilleure façon de cette fâcheuse situation. Fallait-il faire table rase de tout le passé ou fallait-il, au contraire écouter la voix de la raison et trouver une solution plus humaine. Il faut en toute chose tenir compte des réalités, se pénétrer de l'idée qu'aucune œuvre n'est parfaite. L'Assemblée pour aplanir les difficultés doit faire preuve de beaucoup de souplesse. Le Juge Payne a fait, déjà, un grand pas dans la voie de la conciliation, en acceptant de donner à l'Assemblée générale voix délibérative.

Il ne faut pas vouloir trop, le mieux est l'ennemi du bien. Nous avons déjà obtenu beaucoup et de bonnes choses aujourd'hui et je pense qu'il y a lieu d'accepter les résolutions de votre sous-commission.

Si vous acceptez nos conclusions, vous n'aurez sans doute pas une œuvre parfaite, mais au lieu de faire un pas en arrière, comme le prétend M. Hammarskjöld, vous aurez fait faire, au contraire, un pas en avant à l'Union de la Croix-Rouge internationale. (*Applaudissements prolongés.*)

LE PRÉSIDENT. — Il vaudrait peut-être mieux ajourner la discussion. Vous convient-il de nous réunir à 14 h. 30. Il en est ainsi décidé.

La séance est levée à 13 heures.

QUATRIÈME RÉUNION DE LA PREMIERE COMMISSION

Vendredi 6 mai 1927
14 h. 45

Présidence de l'Honorable John Barton Payne.

LE PRESIDENT. — Messieurs, j'ai l'honneur de vous déclarer que j'ai suggéré à M. Hammarskjöld, qui s'est déclaré d'accord, qu'étant donné que la séance plénière commence à 3 heures et que nous serons obligés de reprendre cette question, nous laissions la Commission se confondre en quelque sorte, avec la séance plénière et que nous procédions au vote sans attendre le résultat formel des débats de la Commission. Etes-vous d'accord ?

Il en est donc ainsi décidé. Devons-nous commencer ou attendre jusqu'à 3 heures ?

M. GEOFFRAY (France). — Il vaudrait mieux attendre.

La séance est levée à 14 h. 50.

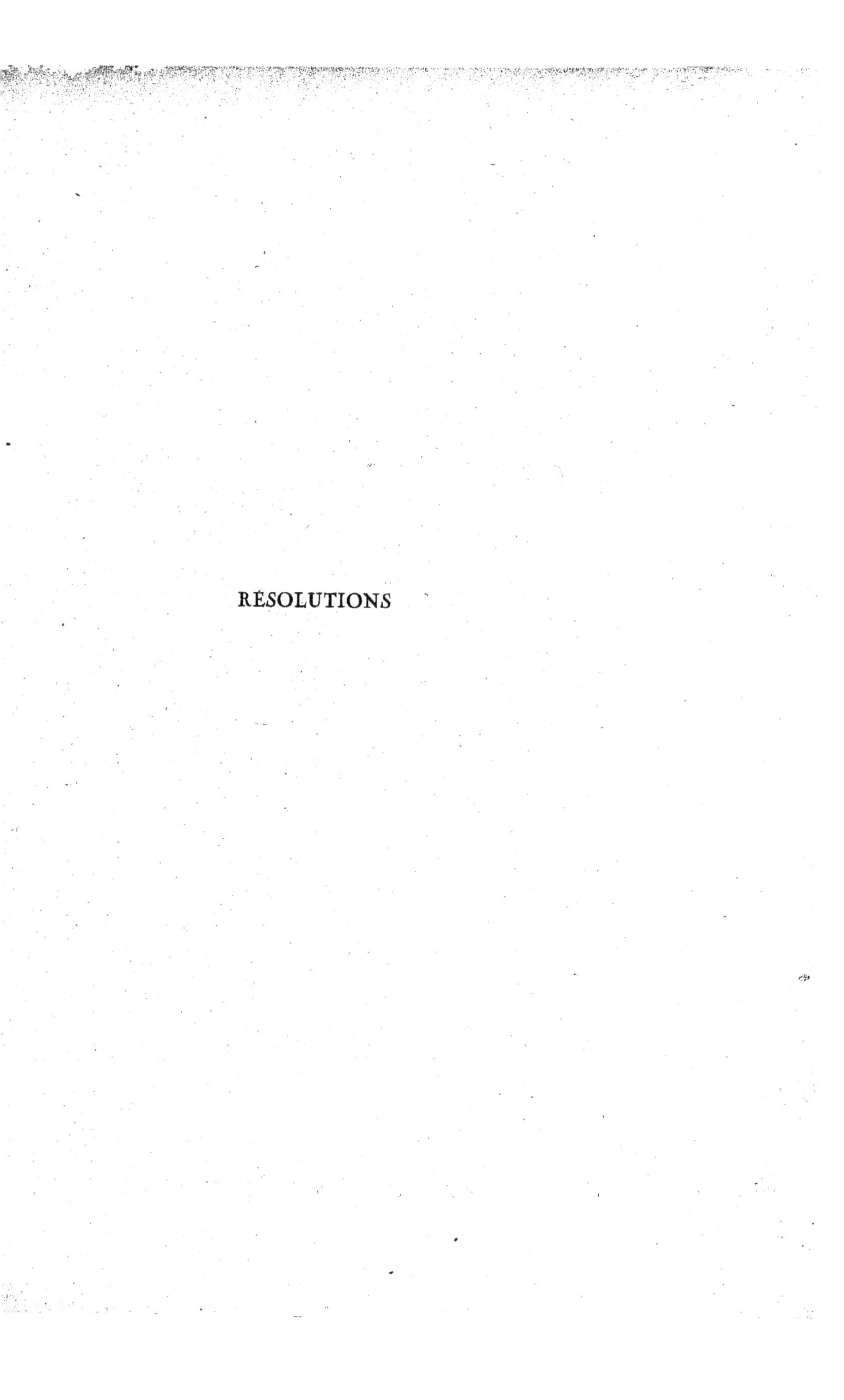

RÉSOLUTIONS

RÉSOLUTIONS

I

« Une conférence internationale unifiée sera convoquée tous les quatre ans ; elle possédera des pouvoirs délibératifs. Toutefois, elle ne pourra prendre aucune action affectant les statuts et l'organisation du Comité international ou de la Ligue. Toutefois, les statuts du Comité international et de la Ligue seront soumis à la Conférence internationale pour examen et enregistrement.

Le Conseil des Gouverneurs de la Ligue se réunira en session régulière tous les deux ans. Le Comité exécutif garde le droit de convoquer des sessions extraordinaires du Conseil.

Une session sur deux du Conseil des Gouverneurs fera partie de la Conférence internationale. Dans les autres sessions, le Conseil ne prendra de décision sur aucun objet étranger au programme de paix de la Ligue des Sociétés de la Croix-Rouge.

Le Comité exécutif de la Ligue sera composé de neuf ou dix membres et exercera les pouvoirs conférés au Conseil des Gouverneurs, dans l'intervalle des sessions de celui-ci. Il siégera en principe trois fois par an.

Un Conseil, composé de neuf membres, nommé par la Conférence internationale ainsi qu'il est prévu dans les dispositions de Berne, sera chargé de préparer l'ordre du jour des conférences internationales, de convoquer celles-ci, enfin d'examiner et de trancher les questions qui lui seraient soumises relativement aux conflits ou aux divergences survenant entre le Comité international et la Ligue. Ce conseil se réunira à Genève. Son bureau et ses membres ne recevront aucune indemnité.

Le Comité international et la Ligue gardent leur indépendance, leur direction autonome, leurs statuts et leur règlement intérieur, sauf en ce qui concerne les changements résultant des résolutions précédentes. »

Il est décidé :

qu'un comité, composé de trois membres, sera nommé et chargé de présenter la résolution ci-dessus au Comité international.

Si le Comité international informe la Ligue que cette résolution est acceptable, les organes directeurs et le Secrétariat agiront conformèment à ces propositions jusqu'à la prochaine réunion du Conseil au cours de laquelle les statuts seront modifiés en conséquence ; le président est autorisé, dans ce cas, à se joindre à la convocation d'une Conférence internationale chargée de prendre les mesures appropriées.

II

Il est décidé :

que trois postes de vice-présidents seront créés ; que les titulaires de ces postes seront nommés par le Conseil des Gouverneurs, pour une période de deux ans, et qu'ils seront rééligibles ;

qu'en procédant à la nomination des vice-présidents, il sera tenu compte des grandes divisions géographiques du monde ;

qu'en l'absence du président l'un des deux vice-présidents, désigné par lui, soit chargé de la surveillance générale des travaux du Secrétariat et de la représentation de la Ligue auprès des autres institutions et des sociétés nationales membres de la Ligue ;

que l'un des deux autres vice-présidents, en l'absence du président, remplace celui-ci dans les réunions du Comité exécutif ou du Conseil des Gouverneurs.

Il est décidé :

que le Comité exécutif sera composé du président et des vice-présidents du Conseil des Gouverneurs, qui seront également président et vice-présidents respectivement du Comité exécutif, et de six membres nommés par le Conseil des Gouverneurs pour une période de deux ans, trois d'entre eux se retirant chaque année.

Il est décidé :

que le poste de Directeur Général de la Ligue sera supprimé et que le Conseil des Gouverneurs nommera un secrétaire général chargé d'administrer le Secrétariat de la Ligue, sous la direction du Président, et qui sera d'office secrétaire du Conseil des Gouverneurs et du Comité exécutif ;

qu'un poste de Conseiller technique sera créé et que le titulaire de ce poste sera nommé par le Conseil des Gouverneurs.

*
* *

Il est décidé d'apporter les amendements suivants aux statuts :
1) *Article V. Paragraphe 3*, à modifier comme suit :
(Modifications soulignées).

« Le Conseil des Gouverneurs nommera un président choisi parmi
ses membres et *trois vice-présidents* qui resteront en fonctions pour
une période de deux ans, à partir de la date de leur élection. Ils seront
rééligibles. »

2) *Dernier paragraphe*, à modifier comme suit :

« Le président du Conseil des Gouverneurs ou, en son absence,
un des vice-présidents désignés par lui, est chargé de la surveillance
générale des travaux du Secrétariat et de la représentation de la Ligue
auprès des autres institutions et des sociétés nationales membres de
la Ligue. Le vice-président désigné prête service à titre bénévole,
mais reçoit une indemnité destinée à couvrir les frais occasionnés par
l'exercice de ses fonctions. En l'absence du président, ce dernier sera
remplacé à tour de rôle par un des deux autres vice-présidents aux
réunions du Conseil des Gouverneurs et du Comité exécutif.

« Le Conseil des Gouverneurs désigne un secrétaire général qui est
d'office secrétaire du Conseil des Gouverneurs et du Comité exécutif,
un trésorier général et un conseiller technique, s'il le juge opportun.
Le secrétaire général est chargé d'administrer, sous la direction du
président, le secrétariat de la Ligue, et de veiller à l'accomplissement
de la tâche confiée à celui-ci. »

3) *Le paragraphe intitulé :* « Comité exécutif » est modifié comme
suit :

« Le Comité exécutif est composé du président, *des vice-présidents*
du Conseil des Gouverneurs, et de six membres désignés par le Conseil
des Gouverneurs, *pour une période de deux ans, trois d'entre eux se
retirant chaque année. (En 1927, trois membres seront nommés pour
une période d'un an)*.

« Lorsqu'un membre du *Comité exécutif* se trouve dans l'impossibilité d'assister à une réunion quelconque, il peut déléguer ses pouvoirs soit à un suppléant, soit à un autre membre du Comité. »

Les cinq derniers mots du deuxième paragraphe intitulé : « Assemblée Générale » sont éliminés.

La dernière phrase du dernier paragraphe de l'article V, est
modifiée comme suit :

« ..... postes de *vice-présidents*, de secrétaire général, de trésorier
général et de conseiller permanent ».

Règlement intérieur

Article II, éliminer le premier paragraphe.
L'article est rédigé ainsi :
« Le quorum est de *cinq* membres ».

9

L'article III est annulé.

L'article IV devient l'article III et est conçu en ces termes :

« Le Conseil des Gouverneurs peut nommer tels fonctionnaires et commissions qu'il juge nécessaires. Il nommera un Comité permanent chargé d'examiner les comptes et les opérations financières de la Ligue, d'étudier ses besoins dans ce domaine et de présenter des rapports sur les questions financières au Conseil des Gouverneurs et au Comité exécutif. »

L'article V devient l'article IV.

III

Résolutions soumises par le comte Potocki

(Pologne)

Le Conseil des Gouverneurs de la Ligue des Sociétés de la Croix-Rouge, faisant suite au bel exemple donné par la Croix-Rouge française :

« Recommande aux Croix-Rouges nationales de porter dans la mesure de leurs possibilités, comme preuve de sympathie et fraternité internationale, aide et secours aux sinistrés de la vallée du Mississipi. »

IV

Résolutions soumises par les IIe et IIIe commissions

Secours.

Le rapport de la Section des Secours est un résumé du travail de la Section pendant la période 1925-1927, au cours de laquelle elle a eu l'occasion d'intervenir à douze reprises différentes. La seconde partie du rapport indique le programme envisagé pour la période 1927-1928. La Section se propose de poursuivre son action, d'après les directives suivies jusqu'à présent, c'est-à-dire, de continuer à fonctionner comme :

1º Un centre d'aide internationale ;

2º Un bureau de documentation ;

3º Un bureau de propagande et d'information.

En ce qui concerne la documentation, son rôle peut être envisagé comme suit :

Recueillir les informations sur le développement des Sociétés nationales en matière de secours ;

Porter à la connaissance des Sociétés nationales l'organisation
des secours telle qu'elle est appliquée dans les Sociétés où cette
question a été spécialement étudiée ;

Préparer des notes et des articles relatifs à l'action de secours,
non seulement pour les publications de la Ligue, mais aussi pour
les bulletins des sociétés nationales, pour la revue des *Matériaux*,
pour la presse en général et les conférences par T. S. F.

Préparer une édition revisée de la brochure intitulée : *L'organisation des Samaritains et la Croix-Rouge.*

Terminer le manuel de secours.

Préparer un rapport général sur l'action de secours en Bulgarie.

Sur la proposition du Sénateur Ciraolo, il a été aussi recommandé :

1º Que la Section étudie la possibilité d'établir les statistiques
des grands fléaux qui ravagent chaque année les pays des différents
continents et de les publier ;

2º Que la Section se tienne au courant des publications parues
touchant les secours et en donne un résumé.

Le Sénateur Ciraolo est revenu sur la résolution adoptée en 1925
par le Conseil général de la Ligue, portant sur la nomination d'experts
techniques en matière de secours ; il a insisté sur l'utilité de désigner
des experts.

Sur la proposition du Président, rapporteur des II\e et III\e Commissions, le rapport de la Section des Secours a été adopté sans autres
commentaires.

Hygiène.

Le rapport de la Section d'Hygiène résume les diverses tâches
assumées par la Section et les travaux entrepris au cours de l'année
dernière.

Il est rappelé que la Section d'Hygiène constitue :

a) Un service d'information, qui est à la disposition de toutes
les Sociétés nationales pour toutes les questions d'hygiène, de
médecine préventive ou sociale pouvant les intéresser. Des
exemples sont donnés du genre et de l'étendue des informations
fournies.

b) Propagande d'hygiène et enseignement populaire. — La
propagande d'hygiène par la distribution de matériel, de
films, etc., reste sous le contrôle de la Section d'Hygiène, afin
de répandre les meilleures méthodes actuellement employées

pour faire pénétrer dans tous les milieux une meilleure connaissance de l'hygiène,

c) *Collaboration avec les Sociétés nationales.* — La Section collabore avec les Sociétés nationales dans des buts déterminés. Parmi ces buts, on relève spécialement la collaboration avec la Croix-Rouge norvégienne, en vue de l'organisation de la Conférence d'Oslo et la réalisation d'un programme international pour l'amélioration de l'hygiène dans la marine marchande.

d) *Missions.* — Des missions furent entreprises, en vue de maintenir le contact avec les Sociétés nationales et de participer à la connaissance mutuelle des buts poursuivis et des résultats obtenus. Au cours de l'année dernière des missions de ce genre eurent lieu en Albanie, en Allemagne, en Pologne, aux États-Unis, au Japon, aux Indes néerlandaises.

e) La Section sert *d'organisme de liaison* avec les associations internationales :

1º Avec l'organisation d'Hygiène de la Société des Nations, soit directement par le Secrétariat, soit par l'intermédiaire du Professeur Cantacuzène, avec le Comité d'hygiène.

2º Avec la Section sociale de la Société des Nations, par représentation directe au Comité de protection de l'Enfance. Il est à signaler que ce Comité de la Société des Nations a donné, cette année, deux nouveaux mandats d'étude au représentant de la Ligue.

3º Avec l'Office international d'Hygiène Publique, par l'intermédiaire du Professeur Santoliquido.

4º Avec l'Union Internationale contre la Tuberculose, dont le Secrétariat et la préparation du Bulletin sont assurés par la Section d'Hygiène de la Ligue.

Le Conseil des Gouverneurs approuve la continuation du fonctionnement de la Section :

a) Comme service d'information de propagande d'hygiène ;

b) Comme organe de réalisation (sur la vive recommandation de M. Steffens, représentant de la Croix-Rouge de Norvège), du plan proposé au nom de la Croix-Rouge norvégienne par le Dr. Engelsen, en 1924, pour l'amélioration de l'hygiène dans la Marine marchande, et de son extension par le travail du Comité permanent de bien-être du marin.

c) Comme organe de liaison avec les grandes institutions internationales qui ont été déjà citées. Elle approuve en particulier la conclusion d'un accord avec l'Office International d'Hygiène Publique, en vue de la lutte contre la tuberculose.

Le Conseil des Gouverneurs ratifie le vœu rexprimé par M. de Mimbela qu'en vue de l'importance du travail accompli, de l'étendue et de la multiplicité des tâches futures, tous les efforts soient faits pour augmenter le personnel technique de la Section.

Le Conseil des Gouverneurs prend acte, avec l'expression de son vif intérêt et de sa reconnaissance, du dépôt au Secrétariat, par Son Excellence M. Alberto J. Pani, d'un ouvrage remarquable sur l'hygiène au Mexique, qui jette de vives lumières sur de graves problèmes se posant dans ces régions. Le Conseil des Gouverneurs exprime l'opinion que cet ouvrage sera de nature à faciliter la coopération technique du Secrétariat avec l'Amérique latine.

Infirmières.

La Section des Infirmières a soumis son rapport et reçu l'approbation du Conseil des Gouverneurs pour son programme général, tel qu'il est exposé dans ce rapport, et le développement de ses activités, spécialement en ce qui concerne :

1º Les cours internationaux organisés par la Ligue à Londres.

a) Développement des cours internationaux ;

b) Administration de ces cours par un Comité nommé par le *Bedford College* (Université de Londres) dans lequel seront représentés le Collège des Infirmières et la Section des Infirmières de la Ligue ;

c) Organisation d'un cours complémentaire, à Londres, en 1928, pour les anciennes élèves diplômées.

2º Les mesures à prendre en vue d'obtenir l'appui financier d'une institution philanthropique pour la réalisation des projets ci-dessus ; ·

3º Le renouvellement du bail de l'immeuble sis 16, Manchester Square, pour une période de 30 ans.

Croix-Rouge de la Jeunesse.

Le Conseil des Gouverneurs approuve les directives qui ont été suivies par la section de la Croix-Rouge de la Jeunesse de la Ligue pour l'organisation mondiale de cette institution. Il apprécie la

valeur pour les sociétés nationales de la documentation qui a été
éditée : affiches, brochures, articles destinés aux éditeurs de revues
de la Croix-Rouge de la Jeunesse, films, matériel de propagande en
général. Le Conseil des Gouverneurs souhaite que ces publications
soient continuées et que la participation si utile de la section de la
Croix-Rouge de la Jeunesse aux expositions nationales ou internationales ayant trait aux buts qu'elle poursuit se développera encore
davantage à l'avenir.

La Conférence des Éducateurs et celle des Rédacteurs de revues
de la Croix-Rouge de la Jeunesse qui ont été réunies sous les auspices
de la Croix-Rouge de la Jeunesse de la Ligue, se sont montrées d'une
grande utilité théorique et pratique ; il est souhaitable qu'un contact
fécond soit ainsi établi de temps à autre entre les représentants autorisés des différentes sections nationales.

Le Conseil des Gouverneurs a approuvé notamment l'organisation en 1927 d'une « Semaine de la Croix-Rouge de la Jeunesse »
qui réunira, pour qu'ils puissent échanger leurs vues sur les meilleures
méthodes à employer, les éducateurs et les membres de la Croix-
Rouge qui se dévouent avec activité dans les différents pays à
l'organisation et au succès du mouvement.

Une suggestion intéressante a été faite au Conseil des Gouverneurs.
Ce serait celle qui consisterait à créer un fonds international de premiers secours alimenté par les cotisations volontaires des enfants
membres de la Croix-Rouge de la Jeunesse de tous les pays où celle-ci
est organisée et administrée par la section de la Jeunesse de la Ligue.
Ce fonds, qui serait destiné spécialement aux enfants victimes de
calamités, serait employé à les secourir, soit au point de vue matériel en leur fournissant la nourriture ou les vêtements dont ils
auraient besoin, soit au point de vue moral, en les aidant le plus
possible à recevoir l'instruction, l'éducation et, plus spécialement,
la culture intellectuelle et physique auxquelles tout être humain a
droit. Cette suggestion est recommandée à l'étude du Secrétariat
de la Ligue.

L'attention du Conseil des Gouverneurs a enfin été retenue par
les subventions généreuses que le fonds « Laura Spelman Rockefeller »
a attribuées à la section de la Jeunesse de la Ligue. Il est en conséquence décidé d'envoyer une motion spéciale de remerciements à
l'institution ci-dessus, de manière à reconnaître les services éminents
qu'elle a permis de rendre à la Croix-Rouge de la Jeunesse.

> « Le Conseil adresse ses plus vifs remerciements au *Laura
> Spelman Rockefeller Memorial Fund* pour les généreuses subven-

tions qu'il a accordées à la Section de la Jeunesse de la Ligue et qui, en lui permettant de développer sa propagande, ont largement contribué à l'extension du mouvement de la Croix-Rouge de la Jeunesse et de l'idéal qu'elle représente dans le monde. »

Émigration.

L'exposé présenté par cette section a permis au Conseil des Gouverneurs de constater l'importance de l'œuvre de la Croix-Rouge dans ce domaine et il lui a paru désirable d'inciter le Secrétariat de la Ligue à poursuivre son travail de documentation et d'enquêtes et son action en faveur de la santé et du bien-être des émigrants.

Mandats et activités spéciales

En ce qui concerne les mandats et les activités spéciales des sections, le Conseil approuve en conséquence les conclusions suivantes :

1º Études des résolutions de Washington et Tokio :

Les résolutions votées à Washington et à Tokio sont approuvées.

2º Conférences régionales et internationales à prévoir :

Le Conseil a pris note des différentes Conférences internationales et régionales projetées et en particulier de celles qui sont prévues dans les résolutions des conférences de Washington et de Tokio, relatives au renouvellement de ces conférences.

3º Union Internationale de Secours :

M. le Sénateur Ciraolo a exposé l'état actuel du projet d'Union Internationale de Secours dont il est le généreux promoteur. Il a prié les Sociétés nationales de la Croix-Rouge de bien vouloir insister auprès de leurs gouvernements pour que ceux qui n'ont pas encore pris de décisions, désignent des délégués pour la Conférence diplomatique du 4 juillet, qui doit se tenir à Genève pour la création définitive de l'Union Internationale de Secours.

M. le Comte de Mimbela a fait remarquer que beaucoup de Sociétés de la Croix-Rouge disposant de peu de fonds ne peuvent intervenir autant qu'elles le voudraient dans l'assistance internationale ; il estime que l'intérêt porté à ces questions par les gouvernements, par le moyen de l'Union Internationale de Secours, sera un très grand encouragement et une aide substantielle à l'action des Sociétés nationales de la Croix-Rouge.

Le Conseil des Gouverneurs a entièrement approuvé la déclaration de M. Bicknell à la Commission préparatoire de la Société des Nations, d'où il ressort que l'on peut compter entièrement sur la Ligue des Sociétés de la Croix-Rouge pour prendre sa part des charges du Secrétariat de l'Union Internationale de Secours, y compris les dépenses proprement dites, si elle en est priée.

Le Conseil des Gouverneurs a exprimé l'opinion que la Section des Secours devra poursuivre son action d'étude et de propagande dans ce domaine et se préparer à assumer les charges qui pourraient incomber à la Ligue à la suite de la création d'un service central et permanent de l'Union Internationale de Secours.

Le Conseil des Gouverneurs a exprimé son admiration au Sénateur Ciraolo pour son inlassable dévouement à la cause qu'il a défendue jusqu'à présent et le félicite des succès obtenus jusqu'à ce jour.

Le Conseil des Gouverneurs s'est associé aux félicitations du Sénateur Ciraolo pour le travail accompli par la Section des Secours et les services rendus à sa cause par ses deux co-directeurs.

4° Édition d'un film de la Croix-Rouge :

Le Conseil des Gouverneurs ayant pris connaissance du rapport du Directeur Général et du projet de scénario concernant l'édition d'un film retraçant l'historique de la Croix-Rouge et illustrant son programme de paix, et reconnaissant qu'un tel film constituerait un élément de propagande de premier ordre, charge les services techniques du Secrétariat de la Ligue d'en poursuivre la réalisation et recommande aux Sociétés nationales d'accorder leur appui financier à ce projet, dans la mesure de leurs moyens.

5° Proposition de la Croix-Rouge hongroise relative à la création d'une médaille de la Croix-Rouge.

Le Conseil des Gouverneurs, après avoir pris connaissance de la lettre de la Croix-Rouge hongroise relative à ce sujet, estime, sur la proposition du Comte Potocki, que la question n'est pas suffisamment au point pour lui permettre de la discuter en connaissance de cause. Il estime en effet, qu'un examen plus approfondi est nécessaire, tant au point de vue juridique qu'au point de vue pratique, et demande au Secrétariat de bien vouloir transmettre à toutes les Sociétés nationales une étude aussi complète que possible à ce sujet.

6° Projet de création d'un Conseil consultatif international.

Le Conseil des Gouverneurs, après étude du rapport relatif à cette question, décide de modifier la constitution actuelle des comités consultatifs comme suit :

a) Il autorise la création d'un conseil consultatif international aussi restreint que possible, mais suffisant pour représenter à la fois tous les intérêts techniques et géographiques. Ce conseil sera composé d'experts renommés et compétents dans l'un des domaines suivants : hygiène, infirmières, secours et Croix-Rouge de la Jeunesse. Les membres de ce Conseil seront nommés par le Comité exécutif, pour une période de trois ans.

b) Ces spécialistes seront groupés en comités, suivant leur compétence respective, de façon à constituer un comité pour chacun des sujets importants représentés.

c) Il est recommandé au Secrétariat de consulter, selon les besoins, chacun des membres du Conseil consultatif, soit par correspondance, soit en les invitant à venir au siège central de la Ligue, soit en se mettant en rapport avec eux en quelque endroit qu'ils se trouvent.

d) Le Comité exécutif sera autorisé à convoquer une réunion de la totalité ou d'une partie des groupes formant le Conseil consultatif et à inviter les membres du Comité non compris dans les groupes convoqués, à assister aux réunions à titre consultatif.

V

Résolutions soumises par la IVe Commission.

1º Le Conseil des Gouverneurs ayant examiné le rapport des vérificateurs sur les opérations financières de la Ligue, pour la période du 1er juillet 1925 au 31 décembre 1926, ainsi que le rapport financier du Directeur Général par intérim, prend note de l'exactitude des comptes vérifiés par les experts comptables et exprime sa satisfaction de la réduction apportée aux frais généraux pour l'année en cours, conformément aux recommandations formulées par la Commission des Finances.

2º Le Conseil des Gouverneur remarque avec satisfaction qu'un grand nombre de Sociétés nationales contribuent au budget de la Ligue,

Émet l'espoir que le nombre et le montant des contributions augmenteront au fur et à mesure du développement de l'œuvre de ces sociétés,

Et exprime à la Croix-Rouge américaine sa haute appréciation de son généreux et indispensable appui, qui permet la réalisation du programme de la Ligue.

3º Le Conseil des Gouverneurs après avoir examiné les propositions relatives au budget pour l'année 1928,

Remarque que, en raison des difficultés que présente l'établisse-

ment d'un budget exact à une aussi longue échéance, le Secrétariat
a été obligé de prendre comme base la situation actuelle en ce qui
concerne le nombre des membres du personnel et le montant des
traitements ; il est en conséquence proposé d'évaluer ces chiffres
suivant cette base pour 1928, et de prévoir les éventualités,

Remarque en outre que, dans l'évaluation des recettes, il a été
supposé que tous les revenus antérieurs composant le fonds général
seraient perçus intégralement en 1928, et estime qu'il est opportun
de présumer qu'en ce qui concerne les chapitres : « Autres Sociétés
nationales » et « Recettes diverses », les recettes pourront être inférieures et devraient être évaluées respectivement à :

$ 25.000 (au lieu de 30.000) et $ 5.000 (au lieu de 10.000).

Observe que l'évaluation provisoire, proposée sous le chapitre
« Salaires », prévoir $ 160.000, contre $ 150.000, et est d'avis que :

a) le personnel du Secrétariat ne devrait pas être supérieur
à 85 membres ;

b) que la somme totale prévue pour les traitements ne devrait
pas dépasser $ 150.000.

Le Conseil des Gouverneurs autorise en conséquence le Comité
exécutif à établir le budget général à une date ultérieure à 1927,
sur la base des modifications ci-dessus aux propositions du Secrétariat, le total des dépenses ne devant pas dépasser $ 225.000 et le
total des traitements devant être réduit ainsi qu'il est indiqué, après
que des propositions détaillées et établies sur cette base auront été
étudiées par la Commission des Finances.

Les sommes indiquées pour affectations spéciales, en dehors du
budget général, devront continuer à être administrées comme fonds
avec affectations spéciales.

4º Le Conseil des Gouverneurs appréciant hautement la décision prise par la Fondation Laura Spelman Rockefeller de verser
une contribution de $ 30.000 pour les deux années précédentes, pour
le développement de la Croix-Rouge de la Jeunesse par la Ligue,
transmet au Conseil d'administration de la Fondation les sentiments
de gratitude des Sociétés nationales fédérées dans la Ligue.

5º Le Conseil des Gouverneurs ayant pris connaissance avec
satisfaction des fonds spéciaux placés à la disposition de la Ligue
par la Croix-Rouge américaine et d'autres institutions, dans le but
de seconder les sociétés nationales dans le développement de certaines
branches d'activités, donne son approbation au Secrétariat sur l'administration de ces fonds et autorise le Secrétariat à accepter et à
administrer toute autre contribution similaire qu'il pourrait recevoir.

138

NOMINATIONS EFFECTUÉES
PAR LE CONSEIL DES GOUVERNEURS

Président du Conseil des Gouverneurs :

Hon. John Barton PAYNE.

Vice-présidents du Conseil des Gouverneurs :

M. E. J. CONILL (Croix-Rouge cubaine).
Colonel DRAUDT (Croix-Rouge allemande).
M. Hiroyuki KAWAI (Croix-Rouge japonaise).

Nouveaux membres du Comité exécutif :

Pour deux ans :

S. Exc. M. GEOFFRAY (Croix-Rouge française).
Sir Arthur STANLEY (Croix-Rouge britannique).
S. Exc. M. le Sénateur CIRAOLO, (Croix-Rouge italienne).

Pour un an :

M. ATHANASAKI (Croix-Rouge hellénique).
Mlle le Dr. Alice MASARYKOVA (Croix-Rouge tchécoslovaque).
Prof. Luis CALDERON (Croix-Rouge colombienne).

Comité des Finances :

S. Exc. M. GEOFFRAY (Croix-Rouge française).
S. Exc. M. PANI (Croix-Rouge mexicaine).
M. van Slooten AZN (Croix-Rouge néerlandaise).
Prof. M. LECCO (Croix-Rouge du Royaume des Serbes, Croates
et Slovènes.
S. A. le prince CHAROON (Croix-Rouge siamoise).

Secrétariat :

Conseiller technique :

Dr. René SAND.

Secrétaire général :

M. T. B. Kittredge.

Nommés antérieurement :

Trésorier général :

M. André Pallain.

Conseiller pour la santé publique internationale :

Prof. R. Santoliquido.

Conseiller juridique :

M. André Mater.

STATUTS
ET RÈGLEMENT INTÉRIEUR

STATUTS DE LA LIGUE
DES SOCIÉTÉS DE LA CROIX-ROUGE

ANCIEN TEXTE (1925)

ARTICLE PREMIER. — NOM

Une association est fondée entre les Sociétés de la Croix-Rouge, sous le nom de « Ligue des Sociétés de la Croix-Rouge «.

La Ligue des Sociétés de la Croix-Rouge désire travailler en complet accord et en collaboration avec le Comité International de la Croix-Rouge, poursuivant parallèlement à l'œuvre de ce Comité en temps de guerre un programme de paix raisonné et compréhensif. Cet effort combiné aura pour résultat de maintenir les meilleurs traditions de la Croix-Rouge et d'accroître les bienfaits de son action.

ARTICLE II. — OBJECT

La Ligue n'a aucun caractère gouvernemental, ethnique, politique ou confessionnel.

Elle a pour objet d'encourager et de faciliter en tout temps d'action humanitaire de secours de la Croix-Rouge. A cet effet, elle doit :

1° Encourager et favoriser, dans chaque pays l'établissement et le développement d'une organisation nationale de la Croix-Rouge, indépendante et dûment autorisée, travaillant selon les principes de la Convention de Genève ;

2° Collaborer avec ces organisations en vue d'améliorer la santé, de prévenir la maladie et d'atténuer les souffrances ;

3° Mettre à la portée des peuples le bénéfice des faits déjà connus, des nouvelles découvertes scientifiques et médicales et de leurs applications ;

4° Constituer un intermédiaire qui collabore avec les Sociétés de la Croix-Rouge pour développer, stimuler et coordonner les efforts des œuvres d'assistance en cas de calamités nationales ou internationales.

ARTICLE III. — MEMBRES

Toute Société de la Croix-Rouge organisée selon les principes de la Convention de Genève, et dûment autorisée par son gouvernement, qui

STATUTS DE LA LIGUE
DES SOCIÉTÉS DE LA CROIX-ROUGE

NOUVEAU TEXTE (1927)

Article premier. — Nom

Une association est fondée entre les sociétés de la Croix-Rouge, sous le nom de « Ligue des sociétés de la Croix-Rouge ».

La Ligue des Sociétés de la Croix-Rouge désire travailler en complet accord et en collaboration avec le Comité International de la Croix-Rouge, poursuivant parallèlement à l'œuvre de ce Comité en temps de guerre, un programme de paix raisonné et compréhensif. Cet effort combiné aura pour résultat de maintenir les meilleures traditions de la Croix-Rouge et d'accroître les bienfaits de son action.

Article II. — Objet

La Ligue n'a aucun caractère gouvernemental, ethnique, politique ou confessionnel.

Elle a pour objet d'encourager et de faciliter en tout temps l'action humanitaire de secours de la Croix-Rouge. A cet effet, elle doit :

1º Encourager et favoriser, dans chaque pays, l'établissement et le développement d'une organisation nationale de la Croix-Rouge, indépendante et dûment autorisée, travaillant selon les principes de la Convention de Genève ;

2º Collaborer avec ces organisations en vue d'améliorer la santé, de prévenir la maladie et d'atténuer les souffrances ;

3º Mettre à la portée des peuples le bénéfice des faits déjà connus, des nouvelles découvertes scientifiques et médicales et de leurs applications ;

4º Constituer un intermédiaire qui collabore avec les sociétés de la Croix-Rouge pour développer, stimuler et coordonner les efforts des œuvres d'assistance, en cas de calamités nationales ou internationales.

Article III. — Membres

Toute société de la Croix-Rouge, organisée selon les principes de la Convention de Genève, et dûment autorisée par son gouverne-

poursuit les buts indiqués à l'article II, peut être admise dans la Ligue des Sociétés de la Croix-Rouge, sur une invitation envoyée par le Conseil des Gouverneurs.

ARTICLE IV. — LIBERTÉ D'ACTION

Chaque Société, membre de la Ligue, conserve en tout temps son entière liberté d'action en ce qui concerne son organisation et son activité propres.

Tout membre de la Ligue peut s'en retirer en avertissant par écrit le Conseil des Gouverneurs. Tout membre qui se retire renonce à tout droit sur les biens de la Ligue.

ARTICLE V. — ORGANISATION

La gestion des affaires de la Ligue est confiée à une Assemblée Générale à un Conseil des Gouverneurs et à un Comité Exécutif.

Assemblée Générale

Une Assemblée Générale, composée des délégués choisis par les Sociétés nationales de la Croix-Rouge et de telles autres personnes qui seraient invitées à y assister, se réunira tous les cinq ans. Chaque Société nationale aura droit à une seule voix aux réunions de l'Assemblée Générale. Une majorité des Sociétés représentées à la réunion de l'Assemblée Générale constituera le quorum.

Conseil des Gouverneurs

Le Conseil des Gouverneurs est formé à raison d'un représentant par Société nationale de la Croix-Rouge, membre de la Ligue ; chaque représentant a droit à une seule voix. Les membres du Conseil sont nommés pour une période de quatre années ou pour toute autre période que fixera la Société qui les aura nommés ; ils peuvent être remplacés temporairement, ou d'une manière définitive au gré des Sociétés nationales qui les nomment. Le Conseil des Gouverneurs établit le programme de travail et la politique générale de la Ligue et décide des questions d'ordre général ; il est, en outre, chargé de gérer les fonds de la Ligue. Le Conseil nomme un Président qui restera en fonctions pour une période de deux ans, à partir de la date de son élection. Il sera rééligible.

Douze membres du Conseil des Gouverneurs constitueront le quorum.

Tout vote adopté à la majorité des voix de ce quorum est décisif, sauf dans le cas prévu à l'article VIII des présents statuts.

Le Conseil des Gouverneurs tiendra une session ordinaire chaque année ; il peut être réuni en session extraordinaire par son président.

ment, qui poursuit les buts indiqués à l'article II, peut être admise dans la Ligue des Sociétés de la Croix-Rouge, sur une invitation envoyée par le Conseil des Gouverneurs.

ARTICLE IV. — LIBERTÉ D'ACTION

Chaque société, membre de la Ligue, conserve en tout temps son entière liberté d'action en ce qui concerne son organisation et son activité propres.

Tout membre de la Ligue peut s'en retirer en avertissant par écrit le Conseil des Gouverneurs. Tout membre qui se retire renonce à tout droit sur les biens de la Ligue.

ARTICLE V. — ORGANISATION

La gestion des affaires de la Ligue est confiée à une Assemblée Générale, à un Conseil des Gouverneurs et à un Comité Exécutif.

Assemblée Générale

Une Assemblée Générale, composée des délégués choisis par les sociétés nationales de la Croix-Rouge et de telles autres personnes qui seraient invitées à y assister, se réunira tous les cinq ans. Chaque société nationale aura droit à une seule voix aux réunions de l'Assemblée Générale. Une majorité des sociétés représentées à la réunion de l'Assemblée Générale constituera le quorum.

Conseil des Gouverneurs

Le Conseil des Gouverneurs est formé à raison d'un représentant par société nationale de la Croix-Rouge, membre de la Ligue ; chaque représentant a droit à une seule voix. Les membres du Conseil sont nommés pour une période de quatre années ou pour toute autre période que fixera la société qui les aura nommés ; ils peuvent être remplacés temporairement, ou d'une manière définitive, au gré des sociétés nationales qui les nomment. Le Conseil des Gouverneurs établit le programme de travail et la politique générale de la Ligue et décide des questions d'ordre général ; il est, en outre, chargé de gérer les fonds de la Ligue. Le Conseil des Gouverneurs nommera parmi ses membres un président et trois vice-présidents qui resteront en fonctions pour une période de deux ans, à partir de la date de leur élection. Ils seront rééligibles.

Douze membres du Conseil des Gouverneurs constitueront le quorum.

10

*Le président doit le réunir en session extraordinaire lorsque la demande
lui en est faite par le Comité Exécutif ou par au moins dix Sociétés,
membres de la Ligue.*

*Le Conseil des Gouverneurs désigne un directeur général qui est
d'office secrétaire du Conseil des Gouverneurs et du Comité Exécutif.
Il est responsable vis-à-vis du Conseil des Gouverneurs et du Comité
Exécutif de l'administration du Secrétariat de la Ligue et de l'accomplissement de la tâche confiée à celui-ci. Le directeur général exerce
ses fonctions avec la coopération d'un secrétaire général et d'un trésorier
général nommés par le Conseil des Gouverneurs.*

Comité Exécutif

*Le Comité Exécutif est composé du président du Conseil des Gou-
verneurs, qui le préside et de six membres désignés par le Conseil des
Gouverneurs. Lorsque le président du Conseil des Gouverneurs est
empêché d'assister à une réunion du Comité Exécutif, il peut désigner
un suppléant qui a voix délibérative.*

*Le Comité Exécutif se réunit tous les trois mois au siège de la Ligue.
En outre, le président du Conseil des Gouverneurs peut le convoquer toutes
les fois qu'il le juge utile. Il doit le convoquer lorsqu'une Société membre
de la Ligue un membre du Comité Exécutif ou le directeur général lui en
fait la demande.*

*Le Comité Exécutif a tous les pouvoirs d'ordre administratif et
financier du Conseil des Gouverneurs, quand celui-ci ne siège pas. Il est
autorisé à faire tout ce qu'il juge nécessaire ou désirable pour atteindre
les buts poursuivis par la Ligue, sans enfreindre les termes des statuts.
Il pourvoit provisoirement, et jusqu'à la prochaine réunion du Conseil
des Gouverneurs, aux vacances qui pourraient se produire dans les
Commissions permanentes prévues par le règlement intérieur et dans
les postes de directeur général, de secrétaire général et de trésorier général.*

ARTICLE VI. — RAPPORTS ET COMPTES

*Le Comité Exécutif soumet annuellement au Conseil des Gouverneurs,
un rapport sur les travaux de la Ligue pendant l'année précédente
un rapport financier complet est annexé à ce document. Les archives et
la comptabilité de la Ligue peuvent être consultées en tout temps par les
représentants autorisés de toute Société membre de la Ligue.*

ARTICLE VII. — DISPOSITIONS FINANCIÈRES

*Aucune Société de la Croix-Rouge, en souscrivant à ces articles, ne
se crée d'obligation financière.*

Tout vote adopté à la majorité des voix de ce quorum est décisif,
sauf dans le cas prévu à l'article VIII des présents statuts.

Le Conseil des Gouverneurs tiendra une session ordinaire chaque
année ; il peut être réuni en session extraordinaire par son président.
Le président doit le réunir en session extraordinaire lorsque la demande
lui en est faite par le Comité Exécutif ou par au moins dix sociétés,
membres de la Ligue.

Le Président du Conseil des Gouverneurs ou, en son absence un
des vice-présidents désignés par lui, est chargé de la surveillance
générale des travaux du Secrétariat et de la représentation de la
Ligue auprès des autres institutions et des sociétés nationales membres
de la Ligue. Le vice-président désigné prête service à titre bénévole,
mais reçoit une indemnité destinée à couvrir les frais occasionnés
par l'exercice de ses fonctions. En l'absence du Président, ce dernier
sera remplacé à tour de rôle par un des deux autres vice-présidents
aux réunions du Conseil des Gouverneurs et du Comité exécutif.

Le Conseil des Gouverneurs désigne un secrétaire général qui
est d'office secrétaire du Conseil des Gouverneurs et du Comité exécutif, un trésorier général et un conseiller technique, s'il le juge opportun.
Le secrétaire général est chargé d'administrer, sous la direction du
président, le secrétariat de la Ligue, et de veiller à l'accomplissement
de la tâche confiée à celui-ci.

Comité Exécutif

Le Comité exécutif est composé du président et des vice-présidents
du Conseil des Gouverneurs, et de six membres désignés par le Conseil
des Gouverneurs parmi ses membres pour une période de deux ans,
trois d'entre eux se retirant chaque année.

Lorsqu'un membre du *Comité exécutif* se trouve dans l'impossibilité
d'assister à une réunion quelconque, il peut déléguer ses pouvoirs
soit à un suppléant, soit à un autre membre du Comité.

Le Comité exécutif se réunit tous les trois mois au siège de la
Ligue. En outre, le président du Conseil des Gouverneurs peut le
convoquer toutes les fois qu'il le juge utile. Il doit le convoquer
lorsqu'une société membre de la Ligue ou un membre du Comité
exécutif lui en fait la demande.

Le Comité exécutif a tous les pouvoirs d'ordre administratif et
financier du Conseil des Gouverneurs, quand celui-ci ne siège pas.
Il est autorisé à faire tout ce qu'il juge nécessaire ou désirable pour
atteindre les buts poursuivis par la Ligue, sans enfreindre les termes
des statuts. Il pourvoit provisoirement, et jusqu'à la prochaine réunion

La Ligue n'a aucune autorité pour engager un membre de quelque façon que ce soit, à moins que le Conseil des Gouverneurs n'ait reçu de ce membre l'autorisation nécessaire.

Le Conseil des Gouverneurs doit prendre toute disposition utile pour recevoir et débourser les fonds nécessaires aux dépenses de la Ligue et à toute action urgente. Il doit également pourvoir à la conservation et à la gestion de tous les fonds ou biens acquis ou reçus à l'usage de la Ligue, ainsi qu'à l'emploi approprié de ceux qui lui sont donnés avec une affectation spéciale.

Article VIII. — Amendements

Les présents Statuts peuvent être modifiés par un vote des membres du Conseil des Gouverneurs, émis à la majorité des deux tiers des voix.

du Conseil des Gouverneurs, aux vacances qui pourraient se produire dans les Commissions permanentes prévues par le règlement intérieur et dans les postes de vice-président, de secrétaire général, de trésorier général, et de conseiller technique.

Article VI. — Rapports et comptes

Le Comité exécutif soumet annuellement au Conseil des Gouverneurs, un rapport sur les travaux de la Ligue pendant l'année précédente ; un rapport financier complet est annexé à ce document. Les archives et la comptabilité de la Ligue peuvent être consultées en tout temps par les représentants autorisés de toute société membre de la Ligue.

Article VII. — Dispositions financières

Aucune société de la Croix-Rouge, en souscrivant à ces articles ne se crée d'obligation financière.

La Ligue n'a aucune autorité pour engager un membre de quelque façon que ce soit, à moins que le Conseil des Gouverneurs n'ait reçu de ce membre l'autorisation nécessaire.

Le Conseil des Gouverneurs doit prendre toute disposition utile pour recevoir et débourser les fonds nécessaires aux dépenses de la Ligue et à toute action urgente. Il doit également pourvoir à la conservation et à la gestion de tous les fonds ou biens acquis ou reçus à l'usage de la Ligue, ainsi qu'à l'emploi approprié de ceux qui lui sont donnés avec une affectation spéciale.

Article VIII. — Amendements

Les présents Statuts peuvent être modifiés par un vote des membres du Conseil des Gouverneurs, émis à la majorité des deux tiers des voix.

RÉGLEMENT INTÉRIEUR DE LA LIGUE DES SOCIÉTÉS
DE LA CROIX-ROUGE

ANCIEN TEXTE (1925)

ARTICLE PREMIER. — CONSEIL DES GOUVERNEURS

*Lorsque le Conseil des Gouverneurs doit se réunir, une convocation
indiquant l'ordre du jour, la date et le lieu de la réunion, est envoyée,
par lettre ou par télégramme, à tous les membres du Conseil des Gouverneurs, au moins soixante jours avant la date fixée pour la réunion
et au moins cinquante jours avant cette date, s'il s'agit d'une session
extraordinaire.*

*Lorsque la réunion d'une session extraordinaire est demandée par
le Comité Exécutif ou par au moins dix Sociétés membres de la Ligue,
la convocation doit être envoyée dans un délai de dix jours après réception
de la demande.*

*Lorsqu'une Société de la Croix-Rouge se trouve dans l'impossibilité
de se faire représenter à une réunion quelconque du Conseil des Gouverneurs par le Gouverneur titulaire qu'elle a désigné, elle peut déléguer
ses pouvoirs, soit à un suppléant choisi parmi ses membres nationaux,
soit à un autre membre du Conseil des Gouverneurs.*

*Toute Société désirant se faire représenter par un suppléant ou par
procuration, doit en informer le président du Conseil des Gouverneurs,
par lettre ou par télégramme, au moins trois jours avant la réunion. Les
votes exprimés par procuration ou par un suppléant ont la même valeur
que ceux d'un Gouverneur titulaire.*

*Le Conseil des Gouverneurs est libre d'adopter pour la procédure de
ses séances, les dispositions et règlements qu'il juge utiles.*

ARTICLE II. — COMITÉ EXÉCUTIF

*Lorsque le Président du Conseil des Gouverneurs n'assiste pas en
personne à une séance du Comité Exécutif, le Comité choisit un Président
parmi les membres présents.*

Le quorum est de quatre membres.

150

REGLEMENT INTÉRIEUR DE LA LIGUE DES SOCIÉTÉS DE LA CROIX-ROUGE

NOUVEAU TEXTE (1927)

ARTICLE PREMIER. — CONSEIL DES GOUVERNEURS

Lorsque le Conseil des Gouverneurs doit se réunir, une convocation indiquant l'ordre du jour, la date et le lieu de la réunion, est envoyée par lettre ou par télégramme, à tous les membres du Conseil des Gouverneurs, au moins soixante jours avant la date fixée pour la réunion, et au moins cinquante jours avant cette date, s'il s'agit d'une session extraordinaire.

Lorsque la réunion d'une session extraordinaire est demandée par le Comité exécutif ou par au moins dix sociétés membres de la Ligue, la convocation doit être envoyée dans un délai de dix jours après réception de la demande.

Lorsqu'une société de la Croix-Rouge se trouve dans l'impossibilité de se faire représenter à une réunion quelconque du Conseil des Gouverneurs par le Gouverneur titulaire qu'elle a désigné, elle peut déléguer ses pouvoirs, soit à un suppléant choisi parmi ses membres nationaux, soit à un autre membre du Conseil des Gouverneurs.

Toute société désirant se faire représenter par un suppléant ou par procuration, doit en informer le président du Conseil des Gouverneurs, par lettre ou par télégramme, au moins trois jours avant la réunion. Les votes exprimés par procuration ou par suppléant ont la même valeur que ceux d'un Gouverneur titulaire.

Le Conseil des Gouverneurs est libre d'adopter pour la procédure de ses séances, les dispositions et règlements qu'il juge utiles.

ARTICLE II. — COMITÉ EXÉCUTIF

Le quorum est de cinq membres.

ARTICLE III. — DÉSIGNATION DE COMMISSIONS SPÉCIALES

Le Conseil des Gouverneurs peut désigner tels fonctionnaires et Commissions spéciales qu'il juge nécessaires. Il nomme un Comité permanent chargé d'examiner les comptes et les opérations financières

ARTICLE III. — COMMISSIONS PERMANENTES

Le Conseil des Gouverneurs nomme trois commissions permanentes, chacune d'elles comprenant cinq membres au maximum et trois au minimum. Chacune de ces commissions choisit parmi ses membres, son président. Les Commissions permanentes se réunissent aussi souvent qu'elles le jugent utile. Chacune d'elles peut, en tout temps, demander au directeur général de la Ligue, par l'intermédiaire de son président, de lui fournir tous les rapports ou renseignements qu'elle pourrait estimer nécessaires.

La première commission est chargée d'étudier l'activité du Secrétariat dans l'accomplissement des mandats spéciaux à lui confiés, et d'examiner toute autre question que le Conseil des Gouverneurs peut lui transmettre. Elle rapporte ensuite au Conseil des Gouverneurs ou, le cas échéant, au Comité Exécutif.

La deuxième commission est chargée de suivre l'exécution du programme général de la Ligue et d'étudier la question de son extension éventuelle. Elle rapporte ensuite au Conseil des Gouverneurs, ou, le cas échéant, au Comité Exécutif.

La troisième commission est chargée d'examiner la gestion financière de la Ligue, ainsi que ses nécessités budgétaires. Elle rapporte ensuite au Conseil des Gouverneurs, ou, le cas échéant, au Comité Exécutif.

ARTICLE IV. — DÉSIGNATION DE COMMISSIONS SPÉCIALES

Le Conseil des Gouverneurs peut désigner tels fonctionnaires et Commissions spéciales qu'il juge nécessaires.

ARTICLE V. — MODIFICATIONS AU RÈGLEMENT INTÉRIEUR

Des modifications, amendements ou additions, peuvent être apportés au présent Réglement, par un vote du Conseil des Gouverneurs.

Aucune décision contenue actuellement ou ultérieurement dans le Règlement intérieur ne devra limiter ni annuler aucun article des Statuts.

de la Ligue, d'étudier ses besoins dans ce domaine et de présenter des rapports sur les questions financières au Conseil des Gouverneurs et au Comité exécutif.

Article IV. — Modifications au Règlement intérieur

Des modifications, amendements ou additions, peuvent être apportés au présent Règlement par un vote du Conseil des Gouverneurs.

Aucune décision contenue actuellement ou ultérieurement dans le Règlement intérieur ne devra limiter ni annuler aucun des articles des statuts,

ANNEXES

RAPPORT
DU COMITÉ EXÉCUTIF AU CONSEIL DES GOUVERNEURS

couvrant la période du 1ᵉʳ juillet 1925 au 31 décembre 1926

Au cours de sa réunion du mois de juin 1925, le Conseil des Gouverneurs a adopté des amendements aux statuts de la Ligue, prévoyant :

1º L'augmentation du nombre des membres du Conseil jusqu'à concurrence d'un représentant par société nationale membre de la Ligue.

2º La nomination d'un Comité exécutif, composé de sept membres devant se réunir tous les trois mois. Le Conseil a également décidé que sa prochaine réunion aurait lieu en 1927 et désigné les six membres qui, avec le président, doivent constituer le Comité exécutif.

Le Comité exécutif ainsi constitué, s'est réuni trimestriellement pendant l'année 1926. A chacune de ses réunions, le directeur général a soumis un rapport sur les travaux de la Ligue, dont une copie a été ensuite transmise aux membres du Conseil des Gouverneurs. Le Comité a pris les mesures appropriées concernant les diverses questions soulevées dans ces rapports. Un résumé de ces décisions a également été communiqué aux membres du Conseil, à l'issue de chacune des réunions du Comité.

L'année 1926 a marqué des progrès notables, non seulement dans le développement de la Ligue, mais encore dans celui du mouvement universel de la Croix-Rouge. Les Conférences régionales de Washington et de Tokio ont été particulièrement remarquables, aussi bien en tant que manifestations de la force et de la vitalité de l'organisation de la Croix-Rouge dans les pays représentés, que parce qu'elles constituent un pas de plus vers l'unification des buts et des méthodes de la Croix-Rouge en tant que force universelle.

La Ligue n'a reçu l'adhésion d'aucune nouvelle société pendant la

période que couvre ce rapport, mais des mesures ont été prises en vue
d'encourager la formation de sociétés nationales dans la république
de Saint-Domingue, en Ethiopie (Abyssinie), à Haïti, dans l'Ile de
Man, l'Honduras, la Libéria et le Nicaragua. Les sociétés du Croissant
Rouge d'Égypte et de Turquie, ainsi que celles du Lion Rouge et du
Soleil de Perse, n'ont pas encore répondu à l'invitation qui leur a été
adressée de devenir membres de la Ligue. La seule autre Croix-Rouge
reconnue, qui n'est pas encore membre de la Ligue, est l'Alliance des
Sociétés de la Croix-Rouge et du Croissant Rouge de la Russie sovié-
tique.

L'attention du Comité exécutif ainsi que des Comités centraux des
sociétés nationales de la Croix-Rouge a été particulièrement retenue
par la question ayant trait aux relations existant entre le Comité
international de la Croix-Rouge et la Ligue. Le Conseil des Gouverneurs, au cours de sa réunion du mois de juin 1925, a adopté des
résolutions approuvant « les raisons qui ont déterminé le président du
Conseil des Gouverneurs à ne pas se joindre au président du C. I. C. R.
pour convoquer une conférence internationale spéciale chargée d'examiner la suite à donner au rapport de la Commission d'étude » et
exprimant « le désir que les négociations en vue de la fusion soient
considérées, pour le présent, comme terminées et que le Comité et
la Ligue continuent leurs efforts dans leur domaine respectif tout en
restant indépendants ».

Le président du Conseil s'est abstenu, en conséquence, de désigner
un délégué chargé de représenter la Ligue à la XIIe Conférence internationale de la Croix-Rouge (Genève, octobre 1925) dont l'ordre du
jour comportait l'examen de la suite à donner au rapport de la Commission d'étude. Cette Conférence ayant voté une résolution en faveur
de la convocation d'une Conférence spéciale, en vue d'étudier le rapport, le président a adressé une lettre à toutes les sociétés membres de
la Ligue. Sur 54 sociétés, 32 se sont prononcées contre la convocation
de cette Conférence. Les résultats de cette consultation ont été com-
muniqués au Comité exécutif lors de sa réunion du mois de juillet 1926.

A la suite de ces faits, et conformément à la résolution de
la XIIe Conférence, la Croix-Rouge suisse a convoqué la Conférence
spéciale. Le président du Conseil des Gouverneurs n'a pas cru devoir
y envoyer des délégués et 30 sociétés, membres de la Ligue, se sont
également abstenues de se faire représenter à Berne. Les résolutions
adoptées par la Conférence spéciale et votées par 24 sociétés nationales, dont 22 membres de la Ligue, présentent des recommandations
quant à la future organisation de la Croix-Rouge internationale.
Des copies de ces résolutions ont été adressées, par le directeur général

par intérim, aux membres du Conseil des Gouverneurs en décembre 1926.

Le Comité exécutif, au cours de sa réunion du mois de mars 1927 a décidé, après examen des recommandations de la Conférence Spéciale, de soumettre au Conseil des Gouverneurs la recommandation dont le texte a été communiqué par le directeur général aux sociétés nationales de la Croix-Rouge, membres de la Ligue.

Le Comité exécutif, saisi de la demande de la S. A. R. le Prince Charles de Suède de retirer sa lettre circulaire du 7 juin 1926, a accédé au désir du président de la Croix-Rouge suédoise. De ce fait l'étude des propositions soumises par le Prince Charles de Suède en juin 1926 ne figurera pas à l'ordre du jour de la prochaine session du Conseil des Gouverneurs.

Le Comité a reçu, à sa réunion du mois de juillet 1926, la démission de Sir Claude Hill, directeur général de la Ligue qui a été appelé à remplir les fonctions de Gouverneur de l'Ile de Man. En acceptant cette démission, le Comité a exprimé à Sir Claude la haute appréciation de la Ligue pour les services qu'il a rendus à cette institution et l'a nommé directeur général honoraire. Le Comité a décidé de laisser au Conseil des Gouverneurs le soin de nommer le nouveau directeur général et demandé en conséquence à M. Ernest P. Bicknell de vouloir bien assumer les fonctions de vice-président du Conseil des Gouverneurs et de directeur général par intérim jusqu'au mois de mai 1927. M. Bicknell a consenti à rendre ce service à la Ligue, à condition qu'il lui soit permis de le faire à titre bénévole.

Certaines autres questions traitées par le Comité exécutif, ainsi qu'un résumé des travaux du Secrétariat depuis 18 mois sont exposés par le directeur général dans le rapport ci-joint.

RAPPORT DU SECRÉTARIAT DE LA LIGUE
DES SOCIÉTÉS DE LA CROIX-ROUGE

pour la période du 1er *juillet* 1925 *au* 31 *décembre* 1926

I. RÉUNIONS DU COMITÉ EXÉCUTIF

La *première* et la *deuxième* réunions trimestrielles de ce Comité ont eu lieu les 31 mars et 1er avril 1926 respectivement, sous la présidence de M. Ernest P. Bicknell, représentant le Juge Payne. Le Comité a, au cours de ces deux réunions :

1º Autorisé le directeur général à établir et à adresser aux membres du Conseil des Gouverneurs, ainsi qu'aux sociétés nationales membres de la Ligue, des rapports *trimestriels* sur les travaux du Secrétariat.

2º Approuvé la nomination de M. Mater en qualité de conseiller juridique du Secrétariat, à dater du 1er avril 1926, et chargé le directeur général de lui demander de préparer un aide-mémoire à consulter sur la constitution de la Croix-Rouge internationale.

3º Autorisé le directeur général à préparer, en collaboration avec la Commission des Finances du Conseil des Gouverneurs, un projet de budget pour 1927.

4º Chargé le Secrétariat de consulter les sociétés nationales quant à la constitution possible d'un Conseil administratif pour le foyer international des infirmières à Londres (N. B. — Ce Conseil a été depuis lors constitué et a assumé la gestion des affaires du foyer international depuis le mois de juin 1926).

5º Chargé le Secrétariat d'attirer l'attention des sociétés nationales sur la situation critique des réfugiés en Bulgarie.

Les membres du Conseil des Gouverneurs, délégués des Croix-Rouges bolivienne, britannique, chilienne et espagnole, présents à Paris, à cette date, ont assisté à titre consultatif, à la *troisième* réunion trimestrielle qui s'est tenue à Paris, le 9 juillet 1926, sous la présidence du Juge Payne. Le Comité a, au cours de cette réunion :

1º Autorisé le Secrétariat à faire une enquête sur les conditions
du nursing en Roumanie, en vue d'aider éventuellement la Croix-
Rouge roumaine dans le développement d'un service d'infirmières
visiteuses.

2º Ajourné la nomination du Comité consultatif de secours
jusqu'à la prochaine réunion du Comité exécutif.

3º Approuvé le projet de budget soumis par la Commission des
Finances pour la période du 1er juillet 1926, au 31 décembre 1927.

4º Pris connaissance de la lettre adressée par le prince Charles
de Suède, relativement à la fusion de l'Assemblée générale de la Ligue
et des Conférences internationales de la Croix-Rouge et décidé de
soumettre la proposition à l'examen du Conseil des Gouverneurs, ce
Conseil ayant seul autorité pour modifier les statuts de la Ligue.

5º Accepté la démission du directeur général de la Ligue, Sir Claude
Hill, et conféré à ce dernier le titre de directeur général honoraire.

6º Nommé M. Bicknell vice-président du Conseil des Gouverneurs, et invité celui-ci à assumer les fonctions de directeur général
jusqu'à la nomination d'un directeur général permanent.

7º Nommé un Comité administratif composé de trois membres
(délégués des Croix-Rouges allemande, cubaine et française), chargé
de surveiller les travaux du Secrétariat pendant la vacance du poste
de directeur général et d'étudier les candidatures à ce poste.

La *quatrième* réunion du Comité a eu lieu le 13 novembre 1926,
celui-ci a :

1º Étudié les recommandations du Comité consultatif des infirmières et approuvé la modification du nom du cours de Londres
comme suit : « Cours international d'hygiène sociale pour infirmières. »

2º Chargé le Secrétariat d'examiner la construction et les fonctions des divers Comités consultatifs de la Ligue en vue de l'établissement d'une plus grande uniformité de procédure.

3º Autorisé le Secrétariat à poursuivre ses efforts en faveur de la
création d'une Union internationale de secours.

4º Autorisé le Secrétariat à envoyer en Bulgarie un délégué spécial
chargé de coordonner les diverses activités de l'action de secours
entreprise en faveur des réfugiés et à s'efforcer de recueillir de nouveaux fonds pour cette œuvre de secours.

5º Autorisé le Secrétariat à prendre toutes les mesures nécessaires
dans le but de collaborer efficacement à l'organisation de la Conférence
internationale du service social.

6° Approuvé la constitution d'un Comité permanent pour le bien-être des marins de la marine marchande.

7° Approuvé le projet d'organisation, par la Section de la Jeunesse du Secrétariat, en collaboration avec la Croix-Rouge belge, d'une Semaine de la Croix-Rouge de la Jeunesse qui doit se réunir à Bruxelles dans le courant de l'été prochain et à laquelle assisteront des instituteurs et des élèves de toutes les parties du monde.

II. COMITÉS, CONSEILS, CONFÉRENCES, ETC.

1. COMITÉ DES FINANCES. — La première réunion de ce Comité, composée de membres du Conseil des Gouverneurs représentant les Croix-Rouges britannique, chilienne, française, italienne et japonaise, a eu lieu au Secrétariat de la Ligue, le 11 janvier 1926. La seconde réunion, qui s'est tenue le 14 juin 1926, a préparé le projet de budget pour 1927 qui a été voté par le Comité exécutif lors de sa réunion du 9 juillet 1926.

2. COMITÉ CONSULTATIF DES INFIRMIÈRES. — Ce Comité s'est réuni deux fois pendant la période de 18 mois que couvre le présent rapport : à Paris du 12 au 14 août 1925 et à Londres les 9 et 10 juillet 1926. Au cours de sa dernière réunion, ce Comité a élaboré un certain nombre de recommandations, qui ont été soumises au Comité exécutif de la Ligue, comprenant des propositions relatives à la modification du nom du cours international pour infirmières, de la limite d'âge d'admission à ce cours, du programme d'études du cours, ainsi qu'à la reconstitution du Conseil. Toutes ces propositions ont été approuvées par le Comité exécutif.

3. CONFÉRENCES RÉGIONALES :

a) *Deuxième conférence panaméricaine de la Croix-Rouge.* — Cette Conférence qui s'est tenue à Washington, du 25 mai au 2 juin, a réuni les délégués de 18 sociétés de la Croix-Rouge du continent américain ; 16 sociétés nationales, en dehors du groupe américain, y ont été représentées à titre consultatif, ainsi que six organisations internationales et 31 institutions d'hygiène de l'Argentine, du Brésil, des États-Unis, du Mexique et du Vénézuela.

b) *Deuxième Conférence des Sociétés de la Croix-Rouge de l'Extrême-Orient.* — Toutes les sociétés nationales de l'Extrême-Orient ont été représentées à cette Conférence, qui s'est ouverte à Tokio le 15 novembre, à l'exception de la Nouvelle-Zélande qui cependant a témoigné de son intérêt par l'envoi d'un rapport sur ses activités.

Onze sociétés nationales, en dehors de celles de l'Extrême-Orient
y ont été représentées à titre consultatif ; neuf organisations internationales, parmi lesquelles le Comité international de la Croix-Rouge,
y ont envoyé des délégués, ainsi que dix-huit institutions d'hygiène
de la Chine, du Japon et des Philippines. La délégation de la Ligue
était composée du président du Conseil des Gouverneurs, de délégués
de la direction du Secrétariat et des sections de secours, d'hygiène
et des infirmières.

4. Conférences spéciales organisées sous les auspices de la
   Ligue :

a) *Conférence des éducateurs.* — Cette Conférence qui s'est tenue
au Secrétariat de la Ligue à Paris, du 8 au 11 juillet 1925, a été convoquée conformément à une recommandation du Conseil général de
1924, approuvée par le Conseil des Gouverneurs, dans le but d'étudier
les principes de la Croix-Rouge de la Jeunesse au point de vue péda-
gogique. Des éducateurs des pays suivants y ont assisté : Allemagne,
Autriche, Belgique, Chili, Espagne, États-Unis, France, Hongrie,
Japon, Pologne, Royaume des Serbes, Croates et Slovènes, Suède,
Suisse.

b) *Conférence pour l'amélioration de l'hygiène dans la marine
marchande.* — Cette Conférence, organisée par la Ligue des Sociétés
de la Croix-Rouge, s'est réunie à Oslo, du 28 juin au 5 juillet
1926, sous les auspices de la Croix-Rouge norvégienne. La Ligue
y a été représentée par les Drs. Humbert et Lillingston. Les sociétés
nationales de 12 des principaux pays maritimes y ont envoyé des
délégués, ainsi que l'organisation d'hygiène de la Société des Nations,
le Bureau International du Travail et diverses autres institutions
nationales, internationales et privées s'intéressant à la santé des
marins. Depuis la Conférence, la Ligue a activement collaboré avec
l'organisation d'hygiène de la Société des Nations et le Bureau international du Travail en vue de la constitution d'un Comité permanent
du bien-être du marin, visée par la résolution de la Conférence. Ce
Comité s'est réuni pour la première fois au Secrétariat de la Ligue
le 11 février 1927.

c) *Conférence des rédacteurs des revues de la Croix-Rouge de la
Jeunesse.* — Les rédacteurs des revues de la Croix-Rouge de la Jeunesse de
20 pays différents ont assisté à cette Conférence qui s'est tenue au
Secrétariat de la Ligue du 6 au 10 avril 1926. Cette réunion a eu pour
but d'étudier le genre de matériel convenant le mieux aux revues de la

Croix-Rouge de la Jeunesse et la façon dont ces revues peuvent encourager efficacement le développement de son programme. L'un des résultats importants de la conférence a été l'établissement d'un accord, ratifié ultérieurement par 14 nations, en vertu duquel chacune de ces nations a le droit de reproduire les articles publiés dans les revues des autres.

III. RAPPORTS DE LA LIGUE AVEC LES AUTRES ORGANISATIONS INTERNATIONALES

Comité international de la Croix-Rouge. — L'accord relatif à la Commission mixte du C. I. C. R. et de la Ligue des Sociétés de la Croix-Rouge a pris fin le 31 décembre 1925 et n'a pas été renouvelé. Un accord provisoire est intervenu en vue du maintien de la liaison entre les deux organisations par une mutuelle communication des copies de la correspondance intéressant les deux institutions, l'échange de publications et l'organisation des réunions officieuses des délégués de chacune d'elles, lorsqu'il y a lieu. Les deux institutions ont continué, comme par le passé, à lancer d'un commun accord des appels en faveur des populations éprouvées par les désastres. Le C. I. C. R. a été représenté aux conférences régionales et autres, organisées sous les auspices de la Ligue, à l'exception de la deuxième conférence panaméricaine de la Croix-Rouge.

La participation de la Ligue et du C. I. C. R. aux négociations découlant du projet du Sénateur Ciraolo est mentionnée ci-dessous, sous le titre « Société des Nations ».

Société des Nations. — Projet Ciraolo :

Le projet du Sénateur Ciraolo, portant sur la création d'une Union internationale de secours fut approuvé en principe par la Société des Nations en 1922 et 1923 et entra dans une phase décisive à la suite des débats de la IVe Assemblée qui décida de soumettre le projet aux gouvernements des États membres de la Société des Nations.

Ce referendum fut également communiqué aux sociétés nationales de la Croix-Rouge par les soins de la Commission mixte du Comité international de la Croix-Rouge et de la Ligue des Sociétés de la Croix-Rouge.

Après avoir pris connaissance des réponses des Gouvernements et des sociétés nationales, la Ve Assemblée de la Société des Nations décida que l'on pouvait considérer les principes du projet comme adoptés, mais qu'il était nécessaire de reviser dans une certaine mesure les propositions du promoteur.

Une Commission préparatoire fut donc chargée de reprendre l'étude
de la question et de présenter au Conseil de la Société des Nations des
propositions concrètes, pour que ledit Conseil puisse, après consultation des différents Gouvernements, soumettre à l'Assemblée les
résolutions qui sembleraient convenables.

La Commission préparatoire se mit aussitôt au travail et chargea
M. Mater, avocat à la Cour d'Appel de Paris, de rédiger un projet de
statuts. Ce nouveau projet de statuts, étudié avec soin, fut soumis
cette année à la VIᵉ Assemblée de la Société des Nations qui, en principe, les adopta. En vue, cependant, des critiques formulées par
certains pays, l'Assemblée décida que les statuts seraient renvoyés
à nouveau à la Commission préparatoire pour mise au point définitive, avant d'être adressés aux Gouvernements pour approbation.
Du 18 au 20 novembre 1925, la Commission préparatoire tint une
série de réunions au cours desquelles furent examinées les observations
présentées à la VIᵉ Assemblée. Des amendements furent introduits
dans le texte primitif des statuts . Ces statuts amendés furent soumis
au Secrétariat de la Société des Nations qui, à son tour, les communiqua aux Gouvernements. La Ligue des Sociétés de la Croix-Rouge
et le C. I. C. R. adressèrent conjointement aux sociétés nationales
une circulaire leur demandant d'employer leur influence pour obtenir
de leurs Gouvernements respectifs une réponse favorable au projet.
La Ligue communiqua également à la Société des Nations, la résolution par laquelle le Conseil des Gouverneurs s'était déclaré, au cours
de sa réunion précédente, prêt à accepter la mission d'agent exécutif
de l'Union dès que celle-ci serait constituée. Aucun nouveau progrès
ne fut réalisé jusqu'au 22 septembre 1926, date à laquelle le Conseil
de la Société des Nations décida, à la suite des réponses reçues des
différents Gouvernements, de convoquer, pour le 4 juillet 1927, une
conférence diplomatique chargée d'étudier le projet et de prendre
des mesures définitives. La Commission préparatoire s'est réunie
pour la dernière fois, le 3 novembre, dans le but d'élaborer, pour la
Conférence diplomatique, des plans et un projet d'ordre du jour qui
ont été soumis au Conseil de la Société des Nations à sa réunion du
7 décembre 1926.

Parmi les problèmes qui demandent la coopération de la Ligue
et de la Société des Nations, figurent les questions ayant trait à la
protection de l'enfance (celle-ci comporte l'influence du cinématographe sur la mentalité de l'enfant, au sujet de laquelle la Ligue
des Sociétés de la Croix-Rouge a été priée de soumettre un rapport) ;
la composition du Comité permanent pour le bien-être du marin, créé
conformément à la résolution adoptée par la conférence d'Oslo ;

l'action de secours en faveur des réfugiés bulgares, etc. En ce qui concerne cette dernière, le président du Conseil de la Société des Nations a rendu hommage à la Ligue au cours de la réunion du 7 décembre 1926, pour les activités entreprises par elle en Bulgarie.

Le contact a été maintenu entre les deux institutions par des visites des membres du Secrétariat à Genève, par l'échange de correspondance et de publications, et par l'assistance aux réunions organisées par l'une ou l'autre de ces organisations.

BUREAU INTERNATIONAL DU TRAVAIL. — Le Secrétariat de la Ligue a été représenté à différentes conférences, organisées par le Bureau international du Travail, sur les problèmes relatifs à l'installation des réfugiés et à l'émigration, principalement ceux du Comité consultatif des réfugiés et du Comité international des organisations privées pour la protection des émigrants. Une étroite collaboration a également été maintenue avec le Bureau en ce qui concerne l'amélioration de l'hygiène dans la marine marchande. Des délégués de la Ligue ont assisté, à titre consultatif, aux réunions du Bureau International du Travail, les 26 mai et 7 juin 1926 ; la dernière de ces réunions a été consacrée aux questions relatives au bien-être des marins. Le Secrétariat de la Ligue a présenté un rapport sur la situation des réfugiés bulgares à la réunion du Comité consultatif des réfugiés, qui s'est tenue à Genève le 10 septembre 1926.

OFFICE INTERNATIONAL D'HYGIÈNE PUBLIQUE. — Une étroite collaboration, basée sur l'échange de documents, de correspondance et de consultations concernant les questions qui intéressent les deux institutions, a été maintenue avec l'Office depuis 1919, date à laquelle le professeur Santoliquido a été désigné par le Comité de l'Office international d'Hygiène publique pour remplir les fonctions d'agent de liaison entre les deux organisations. On espère que ces relations vont être resserrées du fait que l'Office a été autorisé à s'assurer la collaboration d'autres organisations d'hygiène et, spécialement celle de la Ligue, pour la mise en pratique des stipulations du Code international sanitaire revisé. Le Comité exécutif de la Ligue, au cours de sa réunion du 13 novembre 1926, a autorisé le Secrétariat à accorder sa collaboration à l'Office au cas où celui-ci y ferait appel.

UNION INTERNATIONALE CONTRE LA TUBERCULOSE. — Des remerciements ont été votés à la Ligue pour sa collaboration avec l'Union, au cours d'une réunion du Comité exécutif et du Conseil de l'Union qui s'est tenue à Paris, au mois de juillet 1925. L'Union maintient son siège central au Secrétariat de la Ligue et le Dr. Humbert, en sa qualité de secrétaire-adjoint de l'Union s'est occupé activement, pendant **une** grande partie de l'année 1926, des préparatifs de la cinquième conférence internationale contre la tuberculose, qui s'est tenue à Washington du 29 septembre au 2 octobre. La Ligue a été représentée à cette conférence par le Dr. Humbert.

Union internationale contre le péril vénérien. — Au cours d'une réunion du Comité de direction de l'Union, en octobre 1925, une résolution a été adoptée, séparant le Secrétariat de l'Union de celui de la Ligue et exprimant en même temps le vœu qu'un plan de collaboration entre les deux organisations soit élaboré. Cette décision a été confirmée par l'Assemblée générale de l'Union à sa réunion du 15 mai 1926. Des pourparlers ont été entamés depuis cette date entre les fonctionnaires de l'Union et les membres du Secrétariat de la Ligue en vue d'étudier la forme sous laquelle il conviendrait d'établir cette collaboration, mais aucune mesure définitive n'a encore été prise et la question est restée en suspens.

Conférence internationale du Service Social. — Conformément à l'autorisation qui lui a été accordée par le Conseil général de la Ligue en 1924, le Secrétariat a collaboré efficacement, par l'entremise de son secrétaire général aux préparatifs de la Conférence internationale du Service social, qui, après de nombreux ajournements, doit avoir lieu à Paris en juillet 1928. Cette conférence, ainsi que le Congrès international de la Protection de l'Enfance et le Congrès international d'Assistance publique et privée, feront partie de la Quinzaine du Service Social. Des Comités ont été constitués dans beaucoup de pays, et l'organisation de la Conférence progresse d'une façon satisfaisante. Le Comité international chargé des préparatifs de la Conférence a tenu au Secrétariat de la Ligue, le 27 septembre, une réunion préliminaire. 80 délégués, représentant 18 nations différentes, ont assisté à cette réunion, ce qui fait bien augurer du succès de la conférence. Le Comité exécutif de la Ligue a approuvé à sa réunion du 13 novembre, les mesures prises à ce jour par le Secrétariat en ce qui concerne les préparatifs de cette conférence et a recommandé qu'ils soient poursuivis.

Fédération internationale des sociétés d'eugénique. — A la suite de la réunion de la Fédération au Secrétariat de la Ligue, le 2 juillet 1926, un accord est intervenu entre cette institution et la Ligue, suivant lequel la Fédération est autorisée à utiliser le siège central de la Ligue pour ses réunions et pour y déposer ses archives. Le siège central de la Fédération demeure cependant à Bruxelles.

Institut international de Coopération intellectuelle —
La Section de la Croix-Rouge de la Jeunesse de la Ligue s'est maintenue
en étroit contact avec l'Institut depuis sa fondation, en 1925, et ses
membres ont assisté régulièrement aux réunions périodiques du Comité
d'Entente des grandes Associations internationales (comité provisoire
chargé de l'étude de certaines questions pédagogiques) au sein duquel la
Ligue est représentée. Ce Comité a permis à la Ligue de se maintenir
en contact avec les organisations dont les buts sont analogues à
ceux visés par le programme de la section de la Croix-Rouge de la
Jeunesse de la Ligue.

Sur l'invitation de l'Institut, le Secrétariat de la Ligue s'est fait
représenter au premier Congrès international du cinématographe,
qui s'est tenu à Paris en septembre 1926, par un délégué qui a présenté un rapport sur l'emploi du cinématographe en matière d'éducation et l'opportunité d'établir un bureau central d'information
sur les films éducateurs.

La Ligue a également coopéré avec les institutions internationales
suivantes :

Fédération internationale du personnel de l'enseignement secondaire.

Comité international d'hygiène mentale.
Fédération universelle des Associations de l'Enseignement.
Union internationale de secours aux enfants.
Commission internationale de secours aux affamés chinois.
Service international d'Émigration.
Conseil international des Infirmières.
Conseil international des Femmes.
Conseil international d'Hygiène de la Fondation Rockefeller.
Fédération internationale d'hygiène dentaire.
Fédération abolitionniste.

IV. ACTION DU SECRÉTARIAT DE LA LIGUE

1. Organisation du Secrétariat. — Conformément à une
décision prise par le Conseil des Gouverneurs, au cours de sa réunion
du mois de juin 1925, une section de l'émigration a été créée au Secrétariat de la Ligue, sous la direction du professeur Santoliquido. L'œuvre
de cette nouvelle section a été limitée, jusqu'à présent, à la compi-
lation des documents relatifs aux problèmes de l'émigration et à la
liaison avec les activités du Bureau international du travail dans ce
domaine.

Un service de matériel de propagande, pour la centralisation de tous les stocks de la Ligue, a également été établi, d'abord comme branche du service des publications sous la direction de M. Walter Mouton, puis comme service indépendant, sous la direction de M. Royon. Ce service est chargé de recevoir, de cataloguer et d'envoyer sur demande des affiches, brochures, films, clichés, photographies et autre matériel de propagande.

En dehors de la création de ces deux services, aucune modification fondamentale n'a été apportée à l'administration intérieure du Secrétariat.

2. Changements survenus dans le personnel. — Pendant la période du 1ᵉʳ juillet 1925, au 31 décembre 1926, les personnes suivantes ont donné leur démission.

Sir Claude H. Hill, directeur général.
Mlle Katherine Olmsted, directrice de la section des infirmières.
Dr. A. Gauthier, directeur-adjoint de la section d'hygiène.
Mlle Fitzgerald, conseillère de la section des infirmières (engagement temporaire).
Mlle Turner, employée bénévole de la section des infirmières.
Mlle Spencer, déléguée de la section de la Croix-Rouge de la Jeunesse.
M. Rieben, M. Chin et Mlle McNeal, de la section de la Croix-Rouge de la Jeunesse.
M. Noyes, service d'information (engagement temporaire).
Capitaine Kennedy, section des secours (engagement temporaire).
Dr. Routley, adjoint temporaire, section d'hygiène.
Mme Ledoux, infirmière en mission temporaire auprès de la Croix-Rouge colombienne.
M. P. H. Mills, chef comptable.
M. Mouton, chef du service du matériel de propagande.
M. Herman Loeffler, de la section des secours.
M. Louis Rocher, conseiller technique.
Mme Coppin, chef du bureau des traductions.
Mlle Plenty, bibliothécaire.
Mlle Meek, secrétaire de la section des infirmières.
Mme de Beck, chef des archives.
Mme Grimston, chef du bureau des traductions.
Mme Royon, chef du service d'information.

Les personnes suivantes ont été engagées pendant la même période :

M. Ernest P. Bicknell, directeur général par intérim.
Mme Maynard Carter, directrice des cours internationaux de Londres ; directrice par intérim de la section des infirmières.
Dr. Dzierzkowski, directeur-adjoint de la section d'hygiène.
Mlle Baud, section des infirmières.
Baronne Mannerheim, chef de la section des infirmières par intérim, du 19 février au 15 juin 1926.
M. Aurélien Dupuy, directeur-adjoint de la section de la Croix-Rouge de la Jeunesse.

M. Pierre DE BERNONVILLE, section des secours (temporaire).
M. C. W. JACKSON, section des secours.
Mlle SELIGMANN-LUI, chef du service d'information.
Mlle FAIRWEATER, rédactrice du *Bulletin d'Information.*
Mlle KARSAKOFF, bibliothécaire.
M. PEIRCE, chef du bureau des traductions.
Mme E. KELLER, section de la Croix-Rouge de la Jeunesse.
Mlle Enid NEWTON, infirmière engagée pour une mission spéciale en Albanie, Serbie, Bulgarie, Roumanie, pendant six semaines.
Mlle LAVERGNE, engagée pour l'organisation d'une école d'infirmières de la Croix-Rouge en Albanie.
Mlle Winifred KNOX, engagée pour assister Mlle Dorsey dans la direction des cours internationaux de Londres, pendant l'absence de Mme Carter.
2 infirmières anglaises, pour l'œuvre des infirmières en Roumanie.
Capitaine KNUDTZON, délégué spécial de la Ligue en Bulgarie.

3. MISSIONS. — Les sociétés de la Croix-Rouge des pays suivants sans compter la France, ont reçu des visites des membres du Secrétariat de la Ligue pendant la période en question :

Albanie :	M. DE ROUGÉ, Dr. HUMBERT, Mlle NEWTON.
Allemagne :	Dr. HUMBERT, M. MILSOM, Dr. DZIERZKOWSKI, M. ROYON, M. MOUTON, Mlle SMITH, Mme MAYNARD CARTER.
Argentine :	M. LARROSA.
Autriche :	M. DUPUY, Mme MAYNARD CARTER.
Belgique :	Dr. SAND, Dr. HUMBERT, Capitaine PETERSÉN, M. MILSOM, Dr. DZIERZKOWSKI, M. DUPUY, Mlle LEFEBVRE, Mlle BAUD.
Brésil :	M. LARROSA.
Bulgarie :	M. DE ROUGÉ, Mlle NEWTON, Capitaine KNUDTZON, M. MOUTON.
Canada :	M. KITTREDGE, Dr. HUMBERT.
Chili :	M. LARROSA.
Chine :	M. J. B. PAYNE, M. DE GIELGUD, M. DE ROUGÉ, Dr. HUMBERT.
Colombie :	Mme LEDOUX.
Cuba :	M. LARROSA.
Dantzig :	Miss BENEDICT.
Danemark :	M. PETERSÉN.
Espagne :	M. BENITO.
Esthonie :	Mlle BENEDICT, M. PETERSÉN, Mlle OLMSTEDT, Dr. SAND.
Etats-Unis d'Amérique :	Dr. SAND, M. KITTREGDE, M. LARROSA, Mlle OLMSTEDT, M. DE ROUSSY DE SALES, M. DE ROUGÉ, Dr. HUMBERT, M. LŒFFLER.
Finlande :	Mlle OLMSTEDT, Mlle MEEK, Mlle BENEDICT, Dr. SAND.
Grande-Bretagne :	Sir Claude HILL, Dr. SAND, M. KITTREDGE, M. DE GIELGUD, Baronne MANNERHEIM, Mlle OLMSTED, Mlle SMITH, Dr. LILLINGSTON, Mlle BENEDICT.
Grèce :	M. DE ROUGÉ.
Hongrie :	M. DE ROUGÉ, M. DUPUY, Mme MAYNARD-CARTER.
Indes :	M. J. B. PAYNE, M. DE GIELGUD.
Indes néerlandaises :	Dr. HUMBERT.

Indo-Chine :	Dr. HUMBERT, M. DE GIELGUD, M. DE ROUGÉ.
Ile de Man	Dr. SAND, Mlle BENEDICT.
Iles Philippines :	M. J. B. PAYNE, M. DE GIELGUD, M. DE ROUGÉ.
Italie :	M. DUPUY, Professeur SANTOLIQUIDO.
Japon :	M. J. B. PAYNE, M. DE GIELGUD, Dr. HUMBERT, M. DE ROUGÉ.
Lettonie :	Mlle BENEDICT, Mlle OLMSTED, Dr. SAND, M. PETERSÉN.
Lithuanie :	Mlle BENEDICT.
Luxembourg :	M. DE GIELGUD.
Norvège :	Dr. HUMBERT, Dr. LILLINGSTON.
Panama :	M. LARROSA.
Paraguay :	M. LARROSA.
Pays-Bas :	Dr. SAND, M. PETERSÉN, M. MILSOM, Mlle BAUD.
Pérou :	M. LARROSA.
Pologne :	Dr. DZIERZKOWSKI, Mlle BENEDICT, Mme CARTER.
Portugal :	M. LARROSA.
Roumanie :	M. DE ROUGÉ, Mlle NEWTON.
Serbes, Croates et Slovènes : (Roy. des)	M. DE ROUGÉ, Mme CARTER, M. DUPUY, Mlle NEWTON.
Siam :	M. J. B. PAYNE, M. DE GIELGUD, M. DE ROUGÉ.
Suède :	M. PETERSÉN, Dr. SAND.
Suisse (Genève) (1) :	M. BICKNELL, M. KITTREDGE, Dr. HUMBERT, Professeur SANTOLIQUIDO, M. MILSOM, Dr. DZIERZKOWSKI, Mlle GEORGE.
Tchécoslovaquie :	Mme MAYNARD-CARTER, Mlle BENEDICT.
Uruguay :	M. LARROSA.

Les sociétés des onze pays suivants n'ont pas reçu de visite pendant cette période : Australie, Bolivie, Costa-Rica, Équateur, Guatemala, Islande, Mexique, Nouvelle-Zélande, Salvador, Union Sud-Africaine et Venezuela. Des visites aux Croix-Rouges australienne et néozélandaise sont prévues pour l'automne de 1927.

4: STAGES. — Des membres des sociétés suivantes ont fait des stages au siège central de la Ligue, depuis le 1er juillet 1925.

Croix-Rouge albanaise :	Dr. KEMAL NAFIZ, directeur général (hygiène sociale et sujets généraux).
Croix-Rouge allemande :	M. HARTMANN (Croix-Rouge de la Jeunesse).
Croix-Rouge américaine :	Mme KILNER (matériel d'exposition).
	Mlle CONCANNON (Croix-Rouge de la Jeunesse).
	Mlle BROWN (Croix-Rouge de la Jeunesse).
Croix-Rouge argentine :	Mme Jeanne DE FONTAINE (infirmières).
Croix-Rouge autrichienne :	Dr. VIOLA, directeur de la Croix-Rouge de la Jeunesse (Croix-Rouge de la Jeunesse, etc.).
Croix-Rouge bolivienne :	Dr. BALCAZAR, directeur (Croix-Rouge de la Jeunesse etc.).
Croix-Rouge bulgare :	Professeur Tochko Petroff.
	Mlle JORDANOVITCH (Croix-Rouge de la Jeunesse).
Croix-Rouge canadienne :	Mlle Jean BROWNE (Croix-Rouge de la Jeunesse, infirmières).
	Dr. ROUTLEY (Hygiène sociale).

---

(1) Y compris le Comité international de la Croix-Rouge, la Société des Nations et le Bureau international du Travail.

Croix-Rouge chilienne :	Dr. Pedro L. Ferrer, président par intérim, ancien ministre de l'hygiène.

Croix-Rouge chilienne :   Dr. Pedro L. Ferrer, président par intérim, ancien ministre de l'hygiène.

Croix-Rouge danoise :   Dr. Svendsen (organisation des samaritains).
M. From Petersen (Croix-Rouge de la Jeunesse).

Croix-Rouge espagnole :   M. Mariñosa (Croix-Rouge de la Jeunesse).

Croix-Rouge finlandaise :   Mlle Hallsten-Kallia (Croix-Rouge de la Jeunesse).
Mme Elli Tavastahti, de la Ligue du Général Mannerheim pour la protection de l'enfance (Croix-Rouge de la Jeunesse).

Croix-Rouge hellénique :   Professeur Stylianopoulos (Croix-Rouge de la Jeunesse).

Croix-Rouge hongroise :   Dr. Szukovathy, directeur général (Croix-Rouge de la Jeunesse, etc.).
Mme Ibranyi (infirmières).
Mme Faltys (Croix-Rouge de la Jeunesse).
M. de Radisics, secrétaire général (questions de secours et d'hygiène).

Croix-Rouge italienne :   Mme Garofalo (Croix-Rouge de la Jeunesse).

Croix-Rouge lettone :   Dr. C. Tiesnicks (secours et Croix-Rouge de la Jeunesse).
M. Gaillits (Croix-Rouge de la Jeunesse).

Croix-Rouge néerlandaise :   Mlle G. Lucardie (Croix-Rouge de la Jeunesse).

Croix-Rouge du Panama :   Mlle Morales (organisation générale de la Croix-Rouge).

Croix-Rouge des Serbes, Croates et Slovènes :   Mlle Jovichitch (Croix-Rouge de la Jeunesse).
Dr. G. Kojitch, secrétaire général (secours et Croix-Rouge de la Jeunesse).
Professeur L. M. Stevanovitch (Croix-Rouge de la Jeunesse).
Comtesse Jelasava Draskovitch (Croix-Rouge de la Jeunesse).
Professeur Illitch (Croix-Rouge de la Jeunesse).

Croix-Rouge suédoise :   Capitaine Reutersköld (aviation sanitaire).
M. Nordström, rédacteur du Bulletin de la Croix-Rouge (publicité et publications).

Croix-Rouge tchécoslovaque :   Mlle Marie Fiserova (Croix-Rouge de la Jeunesse).

5. Visites de délégués des sociétés de la Croix-Rouge :

Des délégués des sociétés suivantes ont visité le Secrétariat de la Ligue depuis le 1er juillet 1925. (Le chiffre représente le nombre de visiteurs de chaque société.)

Comité international de la Croix-Rouge	2	Croix-Rouge guatémalienne	1
Croix-Rouge allemande	4	Croix-Rouge hellénique	3
Croix-Rouge américaine	22	Croix-Rouge hongroise	6
Croix-Rouge argentine	3	Croix-Rouge indienne	1
Croix-Rouge autrichienne	3	Croix-Rouge islandaise	3
Croix-Rouge australienne	4	Croix-Rouge italienne	1
Croix-Rouge belge	3	Croix-Rouge japonaise	3
Croix-Rouge bolivienne	1	Croix-Rouge lettone	3
Croix-Rouge britannique	6	Croix-Rouge luxembourgeoise	1
Croix-Rouge bulgare	6	Croix-Rouge mexicaine	1
Croix-Rouge canadienne	5	Croix-Rouge néerlandaise	4
		Croix-Rouge norvégienne	4

Croix-Rouge chilienne. . . . . . 4 Croix-Rouge paraguayenne. . . 1
Croix-Rouge colombienne . . . 3 Croix-Rouge polonaise. 5
Croix-Rouge costaricienne . . . 1 Croix-Rouge portugaise 1
Croix-Rouge cubaine . . . . . 1 Croix-Rouge roumaine 2
Croix-Rouge danoise . . . . . 4 Croix-Rouge salvadorienne. . . 2
Croix-Rouge dantzicoise. . . . 1 Croix-Rouge des Serbes, Croates
Croix-Rouge équatorienne. . . 1 et Slovènes 12
Croix-Rouge espagnole . . . . 5 Croix-Rouge suédoise 3
Croix-Rouge estonienne . . . . 1 Croix-Rouge suisse 2
Croix-Rouge finlandaise . . . . 3 Croix-Rouge tchécoslovaque . . 6
Croix-Rouge française. . . . . 30 Croix-Rouge vénézuélienne. . . 1

6. Conférences auxquelles des membres du Secrétariat de la Ligue ont assisté :

Pendant la période du 1ᵉʳ juillet 1925 au 31 décembre 1926, la Ligue a été représentée aux conférences suivantes :

Fédération universelle des Associations de l'Enseignement, Edimbourg, juillet 1925.

Fédération internationale du Personnel de l'enseignement secondaire, Belgrade 1925.

Conférence internationale des Éducateurs, Paris, juillet 1925.

Congrès universel pour la Protection de l'Enfance, Genève, août 1925.

Congrès international contre l'alcoolisme, Lausanne, septembre 1925.

Congrès international de l'Aviation, Bruxelles, octobre 1925.

Congrès international contre le paludisme, Rome, octobre 1925.

Congrès international des municipalités, Paris, octobre 1925.

Congrès international de l'Assistance publique, Bruxelles, février 1926.

Comité consultatif de la Société des Nations pour la Protection de l'Enfance, Genève, mars 1926.

Conférence internationale du Travail, Genève, mai-juin 1926.

Commission préparatoire pour le Congrès international du Service social, avril 1926.

Association générale de l'Union internationale contre le péril vénérien, Paris, mai 1926.

Comité d'entente des grandes associations internationales, Paris. Réunions périodiques.

Comité américain d'hygiène, Atlantic City, mai-juin 1926.

Deuxième conférence pan-américaine de la Croix-Rouge, Washington, mai-juin 1926.

Conférence pour l'amélioration de l'hygiène dans la marine marchande, Oslo, juin 1926.

Fédération internationale des Sociétés d'eugénique, Paris, juillet 1926.

Deuxième congrès international des Settlements, Paris, juillet 1926.

Quatrième conférence en langue anglaise, sur la maternité et la puériculture, Londres, juillet 1926.

Congrès international du personnel de l'Enseignement secondaire, août 1926.

Congrès d'éducation morale, Rome, septembre 1926.

Troisième congrès international de Sauvetage et de premiers secours, Amsterdam, septembre 1926.

Conférence internationale contre la tuberculose, Washington, septembre 1926.

Congrès international du Cinématographe, septembre 1926.

7. Résumé des travaux des différentes sections.

a) *Publications*. — *Vers la Santé* a paru sans interruption dans ses trois éditions, mais, en raison de la hausse des tarifs d'imprimerie, il a été jugé nécessaire de réduire chacun des numéros à 36 pages, de réduire le nombre des suppléments en couleurs et d'augmenter le prix de l'abonnement. Malgré ces modifications, les demandes ont sensiblement augmenté. Pour des raisons analogues d'économie, le *Bulletin d'Information* a paru une seule fois au lieu de deux pendant les mois de juillet et d'août.

Dans le rapport trimestriel pour la période du 1er octobre au 31 décembre 1926, il a été mentionné que *Vers la Santé* était toujours plus universellement considéré comme une autorité en matière d'hygiène, ainsi qu'en fait foi le nombre croissant de demandes reçues de différentes publications techniques et autres dans toutes les parties du monde, pour la reproduction d'extraits de cette revue.

A l'occasion de la deuxième Conférence panaméricaine de la Croix-Rouge, de la Conférence d'Oslo et de la deuxième Conférence des sociétés de la Croix-Rouge de l'Extrême-Orient, des numéros spéciaux de *Vers la Santé*, consacrés uniquement aux questions ayant trait à ces assemblées, ont été publiés.

Les publications suivantes ont paru pendant la période du 1er juillet 1925 au 31 décembre 1926 :

Édition revisée de la brochure sur l'organisation et les buts de la Croix-Rouge de la Jeunesse.
Édition revisée des statuts et règlement intérieur de la Ligue, adoptés par le Conseil des Gouverneurs en juin 1925.
Éditions revisées des deux brochures concernant le programme et l'action de la Ligue.
L'infirmière visiteuse, adaptation française de *Public Health Nursing*, par Mlle Gardner.
Compte rendu de la Conférence des Éducateurs.
Compte rendu de la deuxième conférence des Sociétés de la Croix-Rouge de l'Europe orientale et centrale, Vienne 1925.
Édition revisée du tableau représentant l'organisation de la Ligue et de son Secrétariat.
Calendriers pour 1926 et 1927.
Rapports destinés à la deuxième conférence panaméricaine.
Etude sur les inondations en Hollande et en Belgique.
La Croix-Rouge éducatrice (brochure de la Croix-Rouge de la Jeunesse).
Réédition de *Chers amis d'outre-mer* (brochure de la Croix-Rouge de la Jeunesse).
Rapport du Secrétariat de la Ligue, destiné à la deuxième conférence panaméricaine de la Croix-Rouge.
Réédition de la brochure *Les maladies vénériennes*.
Tract concernant la Ligue (dépliant).
Reproduction des affiches Salzedo (dépliant illustré).
« Qu'est-ce que la Croix-Rouge de la Jeunesse » (brochure de la Croix-Rouge de la Jeunesse).

Compte rendu de la Conférence d'Oslo.
Etude sur la démonstration d'hygiène de Jumet.
Programme des cours internationaux pour infirmières (édition revisée).
Etude sur l'organisation des samaritains.
Mémoire à consulter sur la constitution de la Croix-Rouge internationale.
L'infirmière de puériculture (adaptation française de *Child Welfare Nursing*).
Rapport du Secrétariat destiné à la deuxième conférence des Sociétés de la Croix-Rouge de l'Extrême-Orient.
« Historique du développement du mouvement de la Croix-Rouge ».

La section des publications a en outre fourni des articles aux revues de la Croix-Rouge et autres dans le monde entier ; elle a également organisé des causeries périodiques par T. S. F.

b) *Croix-Rouge de la Jeunesse.* — Depuis le 1er juillet 1925, la Section de la Croix-Rouge de la Jeunesse du Secrétariat de la Ligue a contribué, directement ou indirectement, à la création de sections de la Jeunesse dans les pays suivants : Albanie, Allemagne, Bolivie, Costa-Rica, Espagne, Grèce et Turquie. La Ligue collabore également à la création de sections de la Jeunesse aux Indes et dans l'Ile de Man. Le nombre de sections de la Croix-Rouge de la Jeunesse existantes s'élève actuellement à 39, avec un total de 9 millions et demi de membres.

Il a déjà été fait mention dans ce rapport de la Conférence des Éducateurs et de la Conférence des Rédacteurs des revues de la Croix-Rouge de la Jeunesse, qui ont eu lieu au Secrétariat de la Ligue, sous les auspices de la section de la Croix-Rouge de la Jeunesse, en juillet 1925 et avril 1926 respectivement.

De grandes améliorations ont été apportées dans le choix des articles publiés mensuellement et destinés aux éditeurs des revues de la Croix-Rouge de la Jeunesse, et une étude intensive a été entreprise en vue de découvrir le genre de matériel le mieux approprié à cet usage.

A la suite d'un arrangement pris avec un producteur de films américains, la Ligue s'est assurée l'exclusivité de deux films de la Croix-Rouge de la Jeunesse *(Horizons élargis* et *Un Conte de fées moderne)*, préparés spécialement pour le Secrétariat. Ces films ont vivement intéressé le public devant lequel ils ont été projetés.

Cette section prépare actuellement un manuel de la Croix-Rouge de la Jeunesse, dont le besoin se fait sentir depuis longtemps, si l'on en juge par le nombre croissant de demandes reçues par la Ligue, relativement à l'organisation de la Croix-Rouge de la Jeunesse.

Bureau de la correspondance interscolaire. — Pendant la période que couvre ce rapport, le bureau a reçu ou expédié

2.326 albums, sans compter plusieurs milliers de lettres, de cartes postales, de colis, etc. 433 de ces albums ont été traduits par le personnel du bureau, avant leur envoi.

c) *Section des Secours.* — Depuis le 1er juillet 1925, le Secrétariat de la Ligue a collaboré aux actions de secours, soit directement, soit en lançant des appels à l'occasion d'un cyclone dans les Pays-Bas, d'inondations en Hollande, en Belgique, en Roumanie, en Hongrie et en Yougoslavie ; du tremblement de terre aux îles Açores, de la tornade de Cuba, du tremblement de terre en Arménie et de l'établissement des réfugiés bulgares. C'est à cette occasion que la Ligue a pu tenter, pour la première fois, la coordination des diverses activités de l'action de secours, sur une vaste échelle et sous une direction unique. Cet essai a été couronné du plus grand succès car le maximum d'efficacité a été atteint avec un minimum de dépenses. En réponse à l'appel lancé par la Ligue, les sociétés nationales d'Allemagne, de Belgique, de France, de Grande-Bretagne, de Hongrie, d'Italie et de Suède, ont envoyé en Bulgarie des missions sanitaires chargées de venir en aide aux réfugiés les plus nécessiteux. Des dispensaires et des cantines ont été organisés dans 12 des principaux centres de réfugiés et des mesures prises pour nourrir 3.600 enfants pendant tout l'hiver, grâce aux fonds envoyés par les sociétés de la Croix-Rouge de l'Équateur, de l'Espagne, des États-Unis, de la Finlande, de la Lettonie, de la Norvège, du Salvador, de la Suède et du Vénézuela, ainsi que par d'autres institutions, parmi lesquelles le *Fonds Laura Spelman Rockefeller*, le *Near East Relief* et la *Société des Amis.* Ces dons ont permis de faire face à la situation en attendant que les effets de l'emprunt consenti par la Société des Nations se fassent sentir, cet emprunt devant être affecté exclusivement à l'achat de semences, de bétail et d'instruments aratoires, en vue de l'établissement des réfugiés dans le pays.

La section des secours a, en outre, préparé un manuel de secours, une brochure sur l'organisation des Samaritains, une étude sur l'aviation sanitaire, et elle a pris part aux négociations découlant du projet Ciraolo.

Conformément à la résolution adoptée par le Conseil des Gouverneurs en juin 1925, la Ligue a demandé à chaque société nationale de désigner, dans son pays, un expert chargé de correspondre avec le Secrétariat de la Ligue au sujet des problèmes relatifs à l'action de secours en cas de désastre. Les Croix-Rouges allemande, australienne, autrichienne, belge, colombienne, dantzikoise, esthonienne, hellénique, hongroise, japonaise, roumaine et tchécoslovaque ont déjà procédé à cette nomination.

d) *Section d'Hygiène.* — La section d'hygiène a pour objet principal de fournir, sur demande, des informations et des conseils sur les questions ayant trait à la santé publique et à l'hygiène et de remplir les fonctions de Secrétariat de l'Union internationale contre la tuberculose. Parmi les travaux les plus importants de cette section, pendant la période que couvre ce rapport, figurent : l'organisation, en collaboration avec la Croix-Rouge norvégienne, de la Conférence d'Oslo pour l'amélioration de l'hygiène dans la marine marchande ; les préparatifs de la Ve Conférence internationale contre la tuberculose et la publication du bulletin de l'Union ; la préparation d'un rapport, destiné à la Commission d'hygiène de la Société des Nations, relatif à l'influence du cinématographe sur la mentalité de l'enfant ; la collaboration, avec diverses sociétés de la Croix-Rouge, à l'organisation des activités d'hygiène dans leurs pays respectifs ; la préparation de nombreux articles sur différentes questions médicales et sanitaires pour *Vers la Santé* et le *Bulletin d'Information* ; la collaboration avec la Croix-Rouge allemande à l'organisation des stands de la Croix-Rouge à l'exposition de Düsseldorf (mai-octobre 1926). Une médaille d'or a été décernée à la Ligue par le Jury de cette Exposition.

e) *Section des infirmières.* — Le progrès le plus important réalisé dans le domaine du nursing pendant la période que couvre ce rapport a été l'inauguration du foyer international des infirmières à Londres, destiné à recevoir les élèves qui suivent les cours d'hygiène sociale du Bedford College. Une autre innovation importante a été la création d'une bibliothèque circulante de dossiers d'information, qui comporte environ 70 dossiers contenant une documentation complète relative aux diverses phases de la profession d'infirmière ; ces dossiers sont mis à la disposition des sociétés nationales en vue du développement de leurs activités dans ce domaine.

Il est fait appel, de plus en plus, à l'aide de la section des infirmières, pour l'organisation de l'enseignement professionnel dans différents pays et, pendant les deux dernières années, des directrices expérimentées ont prêté leurs services aux sociétés nationales d'Albanie, de Colombie et de Roumanie (voir les paragraphes suivants), tandis que des déléguées spéciales de la section des infirmières ont été envoyées en mission dans la plupart des pays européens.

L'école pour la formation des infirmières, établie à Tirana, en mai 1926 par la Croix-Rouge albanaise, avec la collaboration de la Ligue, fonctionne d'une façon satisfaisante. Bien que les frais d'entretien de cette école soient à la charge de la Croix-Rouge albanaise, la Ligue a fourni des fonds pour la propagande en vue du recrutement des élèves, a envoyé du matériel d'enseignement et a assuré, pour une

période de trois ans, les services d'une directrice française qui est
chargée de la double surveillance de l'école et du centre de consultations pour enfants de la Croix-Rouge albanaise. En dépit de nom-
breuses difficultés, cette œuvre a atteint un tel développement qu'il
a été nécessaire d'adjoindre à la directrice une auxiliaire française.

Vers la fin de 1923, la Croix-Rouge colombienne s'est adressée à
la Ligue en vue de s'assurer la collaboration d'une infirmière euro-
péenne pour l'organisation de l'hygiène sociale et de l'école de la
Croix-Rouge pour la formation des infirmières à Bogota. La Ligue a
confié cette mission a une infirmière belge, Mme Ledoux, qui est partie
en février 1924 et est restée en Colombie jusqu'en septembre 1925.
Son séjour devait être d'une année, mais à la demande de la Croix-
Rouge colombienne, il a été prolongé de six mois. La Ligue a pris
entièrement à sa charge les appointements de cette infirmière et la
Croix-Rouge colombienne a pourvu à son entretien. Les activités
organisées par Mme Ledoux sont actuellement poursuivies par la
Croix-Rouge colombienne.

L'école des infirmières en Roumanie, de création récente, est le
résultat de cinq années de patients efforts de la part de la Ligue et
d'un petit groupe de personnalités roumaines, à la tête desquelles
se trouve la princesse Helena. Cette école a été inaugurée le 15 novembre 1926 avec 9 élèves choisies par Mlle Newton, déléguée de la
Ligue , 20 nouvelles élèves devant y entrer en janvier 1927. A la
demande de la Croix-Rouge roumaine, la Ligue a consenti à assurer
à l'école, pour une période de deux ans, les services d'une directrice
anglaise et à prendre à sa charge une partie des appointements
d'une directrice adjointe, de la même nationalité, envoyée par la
section des infirmières de la Ligue à la demande du Comité de direction de l'école. La Ligue a également consenti à fournir les uniformes
aux élèves et à collaborer à la formation de deux élèves roumaines,
choisies parmi les mieux qualifiées et qui prendront la direction de
l'école après le départ des infirmières anglaises.

Il a été fréquemment fait appel à cette section pour faciliter à
des infirmières et à des travailleuses sociales, de toutes nationalités,
la visite des hôpitaux et institutions d'hygiène, en France et dans
plusieurs autres pays.

Le Secrétariat de la Ligue a collaboré très étroitement à l'organisation de deux Congrès d'infirmières, qui ont eu lieu : le premier
pendant l'été de 1925, à Vienne, à l'occasion de la deuxième Conférence des Sociétés de la Croix-Rouge de l'Europe orientale et centrale, et le second à Riga, sous les auspices de la Croix-Rouge lettone,
pour les infirmières de l'Europe du nord.

V. RAPPORT SUR LA SITUATION FINANCIÈRE DE LA LIGUE

1. Rapport des experts comptables couvrant la période du 1er juillet 1925 au 31 décembre 1926

Le Conseil des Gouverneurs a décidé au cours de sa réunion du mois de juin 1925, que l'exercice financier de la Ligue commencerait le 1er janvier et prendrait fin le 31 décembre. L'état des comptes soumis couvre donc la période du 1er juillet 1925 au 31 décembre 1926, et a été vérifié par MM. Price, Waterhouse et Cie, experts comptables désignés à cet effet par le Conseil des Gouverneurs. Leur rapport comprend un bilan, au 31 décembre 1926, avec pièces justificatives des recettes et des dépenses faites sur les fonds généraux de la Ligue, ainsi que sur tous les fonds spéciaux.

Le tableau ci-dessous donne un résumé, en chiffres ronds, de ce bilan.

Postes	Fonds généraux	Fonds spéciaux	TOTAUX
	$	$	$
Soldes au 1er juillet 1925 . . . . $ 18.615			
Moins sommes transférées aux subventions de la Croix-Rouge de la Jeunesse . . . . $ 300	18.315	52.320	70.635
Total des recettes pendant l'année fiscale . . .	367.285	110.890	478.175
Total des fonds à débourser.	385.600	163.210	548.810
Moins dépenses faites pendant l'exercice. . .	359.820	124.750	484.570
	25.780	38.460	64.240
A ajouter :			
Contributions reçues pour l'année 1927 . .	684		684
Solde net des fonds disponibles au 31 décembre 1926	26.464	38.460	64.924

Ce solde net des fonds disponibles est représenté par les postes
suivants :

Fonds en espèces. . . . . $ 17.974,82
Avances en espèces faites aux représentants
    de la Ligue 12.199,07
Compte bail de la maison de Londres . . 12.793,40
Sommes recouvrables 2.879,80
    » 4.623,43
Mobilier 12.802,06
Stock 1.814,81

        $ 65.087,39
Créditeurs divers 165,31

TOTAL. . . . . $ 64.922,08

L'examen du résumé ci-dessus montre que les dépenses sur les
fonds spéciaux ($ 124.750) ont dépassé les recettes ($ 110.890)
de $ 13.860. Le budget pour 1925-1926 avait, cependant, prévu
l'affectation de la totalité ou d'une partie de certains des fonds
spéciaux en possession de la Ligue au 1er juillet 1925, particulièrement
le fonds de secours et d'enquêtes ($ 15.467,28) et le montant nécessaire
à l'aménagement de la maison de Londres, à percevoir sur le fonds
spécial du Foyer des infirmières ($ 17.500, montant autorisé).

Dans les chiffres donnés ci-dessous, une somme de $ 3.258, re-
présentant la portion de bail de l'immeuble du 15 Manchester Square,
déjà expirée, ne figure pas parmi les dépenses vu que cette somme
fait l'objet d'une écriture passée sur la valeur totale de la cession de
bail, qui constitue la contribution de la Croix-Rouge britannique au
fonds du foyer des infirmières.

Les recettes générales de la Ligue ($ 367.285) accusent un excé-
dent de $ 7.465 sur les dépenses ($ 359.820).

Le résumé comprend cependant, parmi les recettes des fonds
généraux, une somme de $ 25.000, versée en décembre par la
Croix-Rouge américaine à titre de contribution partielle au budget
de la Ligue pour 1927. Dans le budget pour 1925-1926, les contributions des sociétés autres que la Croix-Rouge américaine avaient
été évaluées à $ 45.000. Le montant effectivement reçu s'est élevé
à $ 28.809, laissant un déficit de $ 16.191. Il devint donc nécessaire
de demander à la Croix-Rouge américaine d'avancer une somme de
$ 25.000.

Les dépenses seront moins élevées en 1927 qu'elles ne l'ont été
en 1925-1926, vu qu'il n'existe aucun projet de conférences comme
celles de Washington, Oslo et Tokio, qui ont occasionné des dépenses
importantes et exceptionnelles. Des économies suffisantes pour
compenser la réduction des recettes courantes, due à l'avance faite
par la Croix-Rouge américaine seront par conséquent réalisées.

2. Examen des dépenses pour 1925-1926

Le total effectif des dépenses ($ 453.831) a été légèrement inférieur ($ 3.700) au total du crédit autorisé par le Conseil des Gouverneurs ($ 457.500). L'utile extension des activités du Secrétariat en exécution des décisions du Conseil des Gouverneurs et du Comité exécutif, a nécessairement entraîné des dépenses importantes. Pendant cette période, trois Conférences régionales spéciales ont été organisées, et plusieurs autres Conférences ont eu lieu au Secrétariat de la Ligue ; la hausse des prix, à Paris, a eu pour résultat une augmentation correspondante dans le coût des publications de la Ligue ; l'installation du Foyer des Infirmières à Londres, et l'amélioration des cours internationaux ont été entreprises, et un rajustement des dépenses, perçues sur les différents fonds disponibles pour le développement de la Croix-Rouge de la Jeunesse, a rendu nécessaire le transfert de certaines de ces dépenses au budget général de la Ligue. Pour ces diverses raisons, les dépenses effectives ont dépassé l'évaluation qui en avait été faite dans les chapitres suivants du budget :

Pour la période du 1er juillet 1925 au 31 décembre 1926

Chapitres	Dépenses effectives	Evaluation au budget	Excédent de dépenses
	$	$	$
IV. Publications	43.240	29.000	14.240
VI. Frais postaux, télégrammes, etc.	12.466	10.500	1.966
IX. Conférences	26.178	10.000	16.178
XIII. Projets Croix-Rouge de la Jeunesse	37.187,40	31.500	5.687 -
Total			38.071

Cet excédent de dépenses a cependant été compensé par des économies réalisées sur d'autres chapitres du budget et qui se répartissent comme suit :

Pour la période du 1er juillet 1925 au 31 décembre 1926

Chapitres	Dépenses effectives	Evaluation au budget	Economies
	$	$	$
I. Traitements	221.463	233.000	11.537
II. Voyages, stages	19.910	20.000	90
III. Fournitures, films, etc.	7.789	13.000	5.211
V. Frais de bureau	10.147	10.500	353
VII. Divers	8.378	10.250	1.872
VIII. Réserve	4.599	9.750	5.151
X et XI. Cours et foyer des infirmières, Londres	50.535	53.000	2.465
XII. Projets de la section des infirmières	4.215	7.500	3.285
XIV. Projets d'hygiène	512	6.500	5.988
XV. Activités de secours	6.431	6.500	69
XVI. Projets divers	680	6.500	5.820
Total			41.841

Le tableau I donne les dépenses afférentes à chacun des chapitres inclus dans les différents postes du budget ;

TABLEAU I

Chapitres	Dépenses 1er juillet 1925 31 déc. 1926
	$
I. Traitements	221.463
II. a) Voyages (personnel).	32.346
b) Visites (personnel de la Croix-Rouge).	7.468
III. a) Fournitures.	5.545
b) Livres	1.483
c) Films	145
IV. a) Photos.	660
b) Imprimerie.	43.900
c) Articles.	882
d) Traductions.	2.298
V. a) Télégrammes, câbles.	4.010
b) Affranchissements.	6.764
c) Frais de transport.	3.247
VI. a) Loyer	4.822
b) Chauffage.	900
c) Éclairage.	611
d) Téléphone	369
e) Frais de nettoyage	915
f) Réparations, installations.	2.429
g) Assurances	480
VII. a) Frais bancaires	214
b) Frais de vérification des comptes.	357
c) Divers	9.286
VIII. a) Subventions aux sociétés nationales.	19.700
b) Projets de travaux extérieurs des sections.	29.239
c) Exposition de Düsseldorf	2.297
d) Bourses des infirmières de la Croix-Rouge.	1.362
e) Cours internationaux	40.280
f) Installation et matériel du foyer des infirmières.	7.378
g) Compte bail (écritures)	3.258
Divers :	
Dépréciation du stock des films et des meubles.	8.855
Remise du Fonds Steen.	138
Fonds divers pour affectations spéciales	6.467
Bourses pour infirmières (article inscrit en double).	15.000
Total brut des dépenses (comprenant valeur mobilière et matériel en mains, au 31 décembre 1926) et articles inscrits en double.	484.568

TABLEAU II

L'examen des dépenses occasionnées par chacun des services et sections du secrétariat donne en chiffres ronds les totaux suivants :

Services	Traitements	Voyages Visites	Publications Traductions	Projets Subventions	Divers	Totaux	Pourcentage
	$	$	$	$	$	$	$
Direction générale	24.514	932			23	25.469	5,57
Secrétariat central	19.844	544			109	20.497	4,5
Bureau panaméricain.	10.952	385			3	11.340	2,48
Service des publications . . .	18.753	410	35.132		303	54.598	11,95
Services centraux :							
Traductions.	4.770					4.770	1,04
Information.	3.451	13	4		53	3.521	0,77
Propagande	6.519	479	103		765	7.866	1,72
Classement	3.898				59	3.957	0,87
Bibliothèque.	2.215	11			974	3.200	0,7
Expéditions.	3.302	1			5.897	9.200	2,01
Correspondance	1.526	42			5.621	7.189	1,58
Sténographie	11.641	11			24	11.676	2,55
TOTAUX PARTIELS	37.322	557	107		13.393	51.379	11,25
Trésorerie et Comptabilité . .	14.196	103			772	15.071	3,3
Personnel domestique	5.294	127			160	5.581	1,22
Section d'hygiène	17.758	2.710	1.818	512	696	23.494	5,14
— infirmières.	18.840	4.627	247	4.215	476	28.405	6,21
— secours	19.234	6.248	309	7.024	258	33.073	7,24
— Croix-Rouge de la Jeunesse.	30.884	2.684	5.906	37.187	5.291	81.952	17,93
— émigration.	3.872	583	2		1.825	6.282	1,37
Conférences		19.903	3.307		2.968	26.178	5,73
Frais généraux			2		14.837	14.839	3,25
Cours des infirmières, Londres				50.535		50.535	11,05
Réserve-Affectations spéciales.			558	3.659	468	4.685	1,0
Pour Union contre le Péril Vénérien			353			353	0,08
TOTAUX GÉNÉRAUX. . .	221.463	39.813	47.741	103.132	41.582	453.731	100,00

3. RECETTES FAITES DU 1er JUILLET 1925 AU 31 DÉCEMBRE 1926

Les 36 sociétés nationales des pays suivants ont contribué au budget de la Ligue pendant la période que couvre ce rapport :

Allemagne, Argentine, Australie, Autriche, Brésil, Canada, Chine, Colombie, Costa-Rica, Dantzig, Danemark, Équateur, Espagne, Esthonie, États-Unis, Finlande, Grande-Bretagne, Grèce, Guatemala, Hongrie, Indes, Italie, Japon, Lettonie, Luxembourg, Nouvelle-Zélande, Norvège, Paraguay, Pays-Bas, Pologne, Roumanie, Royaume des Serbes, Croates et Slovènes, Siam, Suède, Tchécoslovaquie, Uruguay.

Des contributions avaient en outre été promises, mais non versées à la fin de l'année, par les Croix-Rouges de :

Belgique, Bulgarie, Chili, Cuba, Lithuanie et Union Sud-Africaine.

Comme les années précédentes, c'est la Croix-Rouge américaine qui a apporté à la Ligue l'appui financier le plus important. Pendant la période que couvre le rapport, cette société a versé les sommes suivantes :

Budget ordinaire de la Ligue	$ 150.000
Activités spéciales.	120.000
Avance sur la contribution pour 1927	25.000
Don spécial à la Croix-Rouge de la Jeunesse . . .	37.500
National Children's Fund	23.750
	$ 356.250

Autres recettes

Contributions des autres sociétés nationales.	$ 27.322.44	
Moins sommes reçues pour 1927	684,37	
	$ 26.638,07	
Plus sommes reportées du 30 juin 1925. .	2.171,60	
		$ 28.809,67
Bourses pour infirmières		36.518,79
Bail du foyer des infirmières à Londres		12.100,—
Fonds du Foyer des infirmières.		1.970,45
— (fonds tirés du compte bourses pour infirmières).		707,91
Fonds Laura Spelman Rockefeller (Croix-Rouge de la Jeunesse)..		30.000,—
Fonds divers à affectations spéciales.		5.841,12
Vente de Publications, etc..		1.670,90
Intérêt		1.546,30
Publicité		1.583,06
Différence sur le change		1.176,—
Total . . . . ,.		$ 121.924,20
Total général		$ 478.174,20

Il est peut-être intéressant de noter que, pendant les deux dernières années (1924-1926) les contributions de la Croix-Rouge américaine se sont élevées à 2,1 % du total des dépenses de cette société, et à 3,1 % des dépenses du siège social (Comité central).

Le tableau III donne la liste complète des contributions versées par les sociétés nationales.

LISTE DES CONTRIBUTIONS REÇUES DES SOCIÉTÉS NATIONALES
DE LA CROIX-ROUGE

Pendant la période du 1ᵉʳ juillet 1925 au 31 décembre 1926

	Equivalent en dollars
Croix-Rouge allemande : marks 2.000 : £ 98.2.7	941,47
américaine	356.250 —
argentine : francs français : 10.000	384,61
australienne : £ 250	1.212,50
autrichienne : $ 50 plus 100 francs français	52,85
brésilienne : 5 centos de reis	921,66
britannique : £ 1.000	4.840 —
canadienne : francs français : 89.445,50	2.555,60
chinoise : » 10.000 —	384,61
colombienne : » 2.000 —	57,28
costaricienne	37,50
danoise : francs français : 3.000	100 —
dantzigoise	25 —
équatorienne : francs français : 1.500	57,69
espagnole : » 18.730	720,40
esthonienne	168 —
finlandaise : » 3.000	85,71
guatémalienne : » 500	17,28
hellénique : » 6.000	230,77
hongroise : » 1.653	65,62
des Indes : » 37.800	1.350 —
italienne : » 75.000	3.307 —
japonaise : » 172.575,75	5.827,74
lettone : » 2.000	79,30
luxembourgeoise : francs belges : 500	22,50
néerlandaise : francs français : 5.224,65 ; florins : 1.000	604,15
néo-zélandaise : £ 50	243 —
norvégienne : couronnes : 550	124,11
paraguayenne : francs français : 500	23,81
polonaise : zlotys : 2.000	173,94
roumaine : lei : 15.000 +15.000	137,21
serbe : francs français : 5.000 +9.195	455,59
siamoise : francs français : 18.750 +12.500	1.090 —
suédoise : » 3.000	120 —
tchécoslovaque : » 22.644	871 —
uruguayenne : » 1.000	34,48
TOTAL .$	383.572,44

Le projet de budget pour 1927, approuvé par la Commission des Finances en juin et voté par le Comité exécutif en juillet 1926, était basé sur la moyenne des dépenses de l'année précédente et prévoyait un total de dépenses de $283 000 (soit un crédit mensuel moyen de $23.583,33). Il a été nécessaire de réduire les dépenses au-dessus de ce taux, au moins temporairement, afin de pouvoir y faire face à l'aide des recettes courantes. La contribution de la Croix-Rouge américaine pour 1927 sera diminuée de $ 25.000, montant de l'avance faite par cette société en décembre et le total des revenus pour l'année peut, en conséquence, ne s'élever qu'à $ 250.000. Toutes propositions entraînant des dépenses sont strictement contrôlées, afin que la moyenne mensuelle reste pour l'année au-dessous de $ 21.000.

Le Comité administratif du Secrétariat, présidé par le trésorier-général, est chargé d'examiner toutes les demandes de crédits budgétaires adressées par les diverses sections, pour la réalisation de leurs différents programmes. Le Comité soumet des recommandations précises, et aucune dépense ne peut être consentie sans l'approbation préalable du directeur général. Ce contrôle uni à un certain nombre de vacances qui se sont produites dans plusieurs postes, ou d'absences, non rétribuées, de divers membres du personnel, ont permis une réduction dans les dépenses courantes du Secrétariat sans entraîner de préjudice sérieux pour les travaux des sections.

Soumis à l'examen du Conseil des Gouverneurs,

Ernest P. BICKNELL,

Vice-Président du Conseil des Gouverneurs,
Directeur général par intérim.

ANNEXE II.

MODIFICATIONS DANS L'ORGANISATION DE LA LIGUE

Dans le but de simplifier l'organisation de la Ligue, conformément à l'expérience acquise pendant les dernières années, et afin que certaines modifications puissent être effectuées qui permettront une répartition plus judicieuse des hauts fonctionnaires de la Ligue, il est proposé que des amendements soient apportés aux statuts et au rgglement intérieur, selon les résolutions ci-dessous, adoptées par le Comité exécutif.

Il est décidé :

Que trois postes de vice-présidents seront créés ; que les titulaires de ces postes seront nommés par le Conseil des Gouverneurs, pour une période de deux ans, et qu'ils seront rééligibles ;

Qu'en procédant à la nomination des vice-présidents, il sera tenu compte des grandes divisions géographiques du monde ;

Qu'en l'absence du président, l'un des deux vice-présidents, désigné par lui, soit chargé de la surveillance générale des travaux du Secrétariat et de la représentation de la Ligue auprès des autres institutions et des sociétés nationales, membres de la Ligue ;

Que l'un des deux autres vice-présidents, en l'absence du président, remplace celui-ci dans les réunions du Comité exécutif ou du Conseil des Gouverneurs.

Il est décidé :

Que le Comité exécutif sera composé du président et des vice-présidents du Conseil des Gouverneurs, qui seront également président et vice-présidents respectivement du Comité exécutif, et de six membres nommés par le Conseil des Gouverneurs pour une période de deux ans, trois d'entre eux se retirant chaque année.

Il est décidé :

Que le poste de directeur général de la Ligue sera supprimé et que le Conseil des Gouverneurs nommera un secrétaire général

chargé d'administrer le Secrétariat de la Ligue, sous la direction
du Président, et qui sera d'office secrétaire du Conseil des Gouverneurs et du Comité exécutif ;

Qu'un poste de conseiller technique sera créé et que le titulaire
de ce poste sera nommé par le Conseil des Gouverneurs.

Ci-dessous un projet d'amendement des statuts et du règlement
intérieur de la Ligue qui, s'il est adopté, fera entrer en vigueur les
présentes résolutions.

---

*Projet d'amendement des Statuts prévoyant trois postes de Vice-
Présidents et supprimant celui de Directeur Général.*

CONSEIL DES GOUVERNEURS.

Les modifications suivantes sont suggérées :

1) *Article 5, paragraphe 3,* à modifier comme suit : (modifications soulignées).

« Le Conseil des Gouverneurs nommera un président choisi
parmi ses membres et *trois vice-présidents* qui resteront en fonctions pour une période de deux ans, à partir de la date de leur
élection. Ils seront rééligibles. »

2) *Dernier paragraphe,* à modifier comme suit :

« Le président du Conseil des Gouverneurs ou, en son absence,
un des vice-présidents désigné par lui, est chargé de la survellance
générale des travaux du Secrétariat et de la représentation de la
Ligue auprès des autres institutions et des sociétés nationales membres de la Ligue. Le vice-président désigné prête service à titre
bénévole, mais reçoit une indemnité destinée à couvrir les frais
occasionnés par l'exercice de ses fonctions. En l'absence du président, ce dernier sera remplacé à tour de rôle par un des deux autres vice-présidents aux réunions du Conseil des Gouverneurs et
du Comité exécutif.

« Le Conseil des Gouverneurs désigne un secrétaire général qui
est d'office secrétaire du Conseil des Gouverneurs et du Comité
exécutif, un trésorier général et un conseiller technique, s'il le
juge opportun. Le secrétaire général est chargé d'administrer, sous
la direction du président, le secrétariat de la Ligue, et de veiller à
l'accomplissement de la tâche confiée à celui-ci. »

3) *Le paragraphe intitulé :* « Comité exécutif » pourrait être modifié comme suit :

« Le Comité exécutif est composé du président *et des vice-présidents* du Conseil des Gouverneurs, et de six membres désignés par le Conseil des Gouverneurs *pour une période de deux ans, trois d'entre eux se retirant chaque année. (En 1927, trois membres seront nommés pour une période d'un an.*

Lorsqu'un membre du *Comité exécutif* se trouve dans l'impossibilité d'assister à une réunion quelconque, il peut déléguer ses pouvoirs soit à un suppléant, soit à un autre membre du Comité. »

Les cinq derniers mots du deuxième paragraphe intitulé « Assemblée Générale » doivent être éliminés.

La dernière phrase du dernier paragraphe de l'article 5 devrait être modifiée comme suit :

« ...postes de *vice-présidents,* de secrétaire général, de trésorier général et de conseiller permanent. »

Règlement intérieur

Article II, éliminer le premier paragraphe :
L'article devra être rédigé ainsi :
« Le quorum est de *cinq* membres. »

Résolution

Il paraîtrait également opportun, au cas où il serait décidé de créer des postes de vice-présidents, dont l'un aura pour attribution la surveillance générale, de supprimer les Comités permanents prévus par le présent règlement intérieur, à l'exception de la Commission des Finances.

Cette mesure entraînera les nouveaux amendements suivants au règlement intérieur :

L'article III devra être annulé.

L'article IV deviendra l'article III et sera conçu en ces termes :

« Le Conseil des Gouverneurs peut nommer tels fonctionnaires et commissions qu'il juge nécessaires. Il nommera un Comité permanent chargé d'examiner les comptes et les opérations financières de la Ligue, d'étudier ses besoins dans ce domaine et de présenter des rapports sur les questions financières au Conseil des Gouverneurs et au Comité exécutif ».

L'article V deviendra l'article IV.

LISTE DES ORATEURS

INDEX DES SUJETS

TABLE DES MATIÈRES

Les travaux de la deuxième et de la troisième commissions réunies et ceux de la quatrième commission sont résumés dans les rapports publiés pages 66 à 74 et 37.